초등 몸짓 수학 두 번째 이야기

색카드 놀이 수학

정경혜 지음

초등 몸짓 수학 두 번째 이야기

색카드 놀이 수학

발행일   2018년 2월 1일 초판 1쇄 발행
지은이   정경혜
발행인   방득일
편 집   신윤철, 박정화, 문지영
디자인   강수경
마케팅   김지훈

발행처   맘에드림
주 소   서울시 도봉구 노해로 379 대성빌딩 902호
전 화   02-2269-0425
팩 스   02-2269-0426
e-mail   momdreampub@naver.com

ISBN   978-89-97206-64-3 03370

초등 몸짓 수학 두 번째 이야기

색카드 놀이 수학

정경혜 지음

맘에드림

저자의 말

아이들이 색카드를 갖고, 수학 문제를 스스로 해결하고, 개념을 알아 가는 모습이 너무 예쁘다면서 사진을 찍어서 보내오신 선생님, 색카드로 수업을 했더니 수학 익힘책을 교사의 설명 없이 아이들 스스로 해결해서 놀라웠다는 경력 3년 되신 선생님, 수 개념을 수없이 가르쳤지만 이해를 못해서 교사가 거의 포기하려던 1학년 아이에게 색카드로 활동하게 했더니 기적같이 수 개념을 이해했다고 기뻐하셨던 중년의 선생님, 132×3을 파워포인트로 보여줘도 느낌을 갖지 못하던 아이들이 직접 색카드로 놓아 보더니 개념을 알게 되어 놀라웠다는 선생님, 아무리 가르쳐도 나눗셈의 원리를 모르고 기계적인 계산만 하던 아이들이 색카드 활동을 통해 나눗셈 계산 원리를 스스로 알아 가는 모습을 지켜보면서 전율을 느꼈다는 천안의 많은 선생님들. 이런 신명 나는 사례들로 저는 이 공부를 계속하고 있습니다. 그리고 이 놀라운 방법들을 모두에게 알리고 싶어 이 책을 썼습니다.

지식은 아이들의 머리 속에 억지로 넣어 주는 것이 아닙니다. 그 방법은 2차 산업화 시대로 이미 끝이 났습니다. 지금은 4차 산업혁명 시대입니다. 아이들이 직접 색카드를 들고 놓아 보고 탐색하는 과정에서 아이들 스스로 개념과 원리를 터득하여 지식을 쌓아 가고 수학나라 말을 이해할 수 있게 해야 합니다.

계산 문제만 잘 풀게 하는 수학 공부 방법은 아이들을 기계로 만들며, 수학을 지겨워하게 만들고, 사고력도 점차 잃어 가게 만듭니다. 무엇보다 자기주도적인 학습 능력을 키울 수 없습니다. 아이들이 스스로 활동을 하면서 수학나라 말을 이해하게 하면, 수학을 좋아하게 되고 수학 원리에 대한 이해력도 높아지고 나아가 모든 생활이 자신감으로 가득 차게 되어서 스스로 정보를 조직화하고, 창조 활동도 할 수 있게 됩니다.

사물의 이치나 개념을 인지하는 첫 통로가 '감각'인데 그것을 무시한 채 아이들에게 수학을 추상적으로 가르치려는 것은 잘못된 방법입니다. 감각 활동 가운데서 색채가 60%를 차지하니 색카드의 중요성은 정말 크다고 할 수 있습니다. 누구나 손쉽게 값싼 가격으로 구할 수 있는 색도화지를 이용한 색카드로 초등 수학의 모든 수와 연산을 해결할 수 있다는 걸 믿지 않을 수도 있겠지만 저의 수십 년 경험과 전국의 수많은 선생님들의 놀라워하시는 경험이 그것을 보장합니다.

이 책이 세상에 나올 수 있게 모든 과정을 인도해 주신 하나님께 먼저 감사를 드립니다. 저를 위해서 기도로 도와주신 많은 기도의 동역자님들께, 그리고 곁에서 응원해 준 남편과 자녀들께 감사의 마음을 전합니다. 전국의 많은 선생님들께도 감사를 드립니다. 놀라워하시고, 좋아하시고, 격려해 주셔서 여기까지 이르렀습니다.

지금도 생각하면 가슴이 메이고 눈물이 고이는 고 황정현 교수님, 대한민국 교육연극의 토대를 구축하시고, 저를 교육연극의 길로 이끌어 주신 황 교수님께서 이 책을 보시면 얼마나 기뻐하실까 생각합니다. 교수님께서 뿌리신 씨앗으로 이렇게 열매를 맺어 갑니다. 황 교수님 뒤를 이으셔서 교육연극을 잘 이끌어 가시며 늘 도움을 주시는 서울교대의 교육연극학과 김병주 교수님께 감사를 드립니다. 소꿉놀이의 모든 선생님들께도 감사를 드립니다.

또한 언제나 성실로 도와주신 오판진 교수님께 감사를 드립니다. 제2의 저자라 할 수 있는 천안 한들초등학교의 김영주 교장 선생님께는 뭐라 감사를 표현해야할지 모르겠습니다. 그리고 새로운 학습 방법을 검증하는 데 도움을 주신 서울신화초등학교 서숙년 교장 선생님과 학습 방법에 대한 결과물을 보내주신 많은 선생님께 감사를 드립니다. 끝으로 이 책이 출판되기까지 도움을 주신 모든 분들께 감사를 드리며, 이 책을 눈여겨보시며 읽고 계시는 모든 분께 감사를 드립니다.

선생님들의 생생한 편지

▒ 진주 강보경 선생님
색카드와 교육연극을 접목한 수학 수업은 아이들에게 수학 수업은 더 이상 어렵고 지루한 시간이 아닌 쉽고 재미있는 시간이 되었습니다. 색카드를 활용하여 십진기수법의 체계를 확실히 세우니 이후의 수와 연산 전 영역의 이해도가 높아졌습니다. 아이들은 색카드를 활용하여 복잡하고 추상적인 수학의 개념, 원리, 법칙을 직접 눈으로 보고 직관적으로 이해하게 되어 자연스럽게 수와 연산을 받아들일 수 있었습니다.

▒ 김제 김향아 선생님
받아올림, 받아내림이 있는 덧셈과 뺄셈을 어려워하고 재미없어하는 아이들에게 자기들이 만든 색카드로 공부하는 수 계산은 수학나라에 놀러 간 재미있는 놀이였습니다.
10개가 되면 터지려고 하는 분홍 풍선을 파랑 풍선 하나로 바꾸어 주는 것을 어찌나 재미있어하던지요. 아이들이 너무 잘해서 호기심에 1학년에게도 색카드를 이용하여 받아올림, 받아내림 계산을 하게 했더니 척척 잘 해결했습니다. 놀라웠습니다.
놀면서 스스로 익힌 수 계산법은 아이들과 저에게 기적 같은 선물이었습니다.

▒ 진안 이은지 선생님
아이들이 3월 초부터 수학이 제일 싫다고 했습니다. 저랑 공부도 몇 번 하지 않았던 때였는데 벌써부터 수학을 어려워하고 부담스러워해서 당황스러웠습니다.
마음을 단단히 다잡고 수학 수업 시작 때 놀이로 시작하며 수를 몸으로 표현하기를 했습니다. 색카드를 사용했습니다. 제 생각에는 재미없을 것 같았는데 아이들은 정말 좋아했습니다.
10000까지의 수 공부도 색카드와 몸짓수를 사용해서 했습니다. 교과서에 나와 있는 수 모형 자체를 이해하지 못하는 아이들이 많았습니다. 특히 백 모형, 천 모형은 그 자체가 너무 컸기 때문에 아이들이 수를 너무 크고 부담스럽게 느끼는 면이 있었습니다.
색카드를 놓아 가며 공부하니 물론 아이들도 생각을 많이 해야 해서 싫다고 하기도 했습니다. 하지만 몇 번 하고 나니 개념을 확실히 잡아 가는 것이 보였습니다.
수학 시간이 되면 "오늘은 수학나라 안 가요?", "빨리 수학나라 가요!", "색카드 주세요"라고 말하며 저를 재촉합니다.
수업 방법을 바꾸면서 저도 많이 변했습니다. 예전엔 아이들에게 내용을 전달하고 문제 풀리는 교사였지만(그러다 보니 잔소리하고 화를 자주 냈어요 ㅠㅠ) 지금은 함께 놀고 즐기고 있습니다.
색카드와 몸짓을 이용한 수학 수업은 우리 아이들과 저를 행복하게 하고 있습니다.

나는 담임을 할 때 '수학을 어떻게 하면 잘 가르칠 수 있을까?' 늘 고민을 했다. 다른 과목들은 재미있게 가르칠 수 있는데 수학만큼은 어떻게 가르쳐야 되는지 방법을 찾지 못했다. 어쩌면 많은 교사들이 그런 어려움을 갖고 있는지도 모르겠다. 그런 부담 가운데 이 책의 저자 정경혜 선생님을 만났다. 색카드와 몸짓을 사용해서 초등 수학을 가르치는 방법을 강의하셨는데 놀라운 방법이었다. 교사가 개념과 원리를 잘 설명하는 것이 아니라 간단한 색카드와 몸짓으로 아이들이 스스로 수학의 개념과 원리를 찾아가게 하는 방법이었다. 처음엔 '아이들이 어떻게 스스로 개념과 원리를 찾아갈 수 있을까?' 반신반의하면서도 교실에 와서 실천을 했다. 내 걱정과는 달리 참으로 놀라운 기적들이 일어나고 있는 것을 보았다.

2학년을 가르칠 때 분홍 카드와 파랑 카드를 이용해서 활동을 통한 역할극을 하면서 아이들 스스로 십진수의 개념을 찾게 한 후 한 모둠에 10,000원씩 주면서 먹고 싶은 것 사서 먹고 영수증을 보면서 덧셈과 뺄셈 계산을 하게 했다. 2학년 1학기는 받아올림과 내림이 있는 두 자릿수 덧셈과 뺄셈을 배우는 시기다. 십진수 개념을 정확히 이해한 우리 반 30명 아이들이 10,000원에서 7,865원을 빼는 문제를 만들어서 학생 모두가 다 해결을 하는 것을 보고 나는 감동을 했다. "선생님 한 문제만 더 내주세요~" 하면서 문제를 풀고 뿌듯해하던 아이들이 지금도 눈에 선하다. 2학년 교육 과정인 두 자릿수의 덧셈, 뺄셈도 아니고, 4학년에서 배우는 10000에서의 뺄셈을 할 수 있다니… 기적을 보는 듯했다.

수학을 연구하는 학자들도 자기 자녀를 가르칠 때 십진수 개념을 설명하는 부분이 가장 어려워서 힘들었다는 이야기를 방송에서 들었던 기억이 있다. 내 자신도 수학의 개념 가르치는 것이 너무 어려워서 늘 힘들어했던 그 수학을 정경혜 선생님의 방법으로, 정작 가르치는 교사인 나는 개념을 설명하지 않고 색카드만 제공하고, 역할극만 하게 했는데 우리 아이들은 4학년 문제까지 해결을 했으니. 참으로 놀라웠다. 수학을 가르치는 데 자신이 없어서 그동안 시중에 나온 책 수십 권을 사서 보았다. 정경혜 선생님의 방법만큼 통쾌하게 십진수의 개념을 몸짓과 색카드와 스토리로 재미있게 잘 정리하며 담은 책은 처음 봤다. 그 덕분에 나와 우리 반 아이들은 행복한 수학 수업 시간을 가졌었다.

2012년 《몸짓으로 배우는 초등 수학 1, 2, 3》이 나온 후 이 책으로 수학 수업을 하는 교실에서 수학이 체육시간보다 더 즐겁고 날마다 수학나라에 가고 싶다는 아이들의 모습을 많이 보았다. "아하!", "아하, 이렇게 하면 되네!" 개념과 원리를 스스로 깨달은 아이들한테서 나오는 감탄의 소리를 들을 수 있었다. 배움이 일어나는 소리가 여기저기서 터져 나왔다. 저자의 책과 연수를 통해서, 몸짓 수학을 열심히 실천하는 많은 교실에서 배우는 기쁨을 맛보는 아이들의 모습을 지켜보았고, 또 놀라운 경험들을 들었다.

저자의 추천서 부탁으로 '초등 몸짓 수학 두 번째 이야기'인 《색카드 놀이 수학》은 어떤 내용으로 채워졌을까 궁금해서 원고를 받아서 단숨에 읽었다. 감탄이 저절로 나왔다. 저자는 몸짓 수학 첫 번째 책을 바탕으로 누구나 알기 쉽게 수와 연산의 핵심 내용을 특징을 살려서 잘 정리를 했다. 핵심 정리를 했다고 해서 핵심을 외우거나 가르치거나 하는 것은 물론 아니다. 아이들이 여러 가지 방법, 즉 색카드 놓기와 수 맵 그리기와 놀이의 몸짓 활동을 통해서 초등 수학의 개념과 원리를 찾아가게 만든 책이다. 교사뿐만 아니라 학부모와 아이들이 보아도 이해할 수 있도록 쉽고 재미있게 썼다. 평소에 저자는 이 몸짓 수학을 학부모와 아이들도 알 수 있게 하고 싶다고 소원을 했었는데 이 《색카드 놀이 수학》이 바로 그 책이다. 수와 연산의 기본 개념을 색카드와 수 놀이, 수 맵, 몸짓춤, 스토리텔링을 이용해서 그 개념을 조직화 하고 하나의 그림으로 공식화해서 학습자들이 찾아가고 이해할 수 있도록 제시했으며, 또 몸에 익힐 수 있게 했다.

많은 학교에서 주제 중심 프로젝트 수업과 다양한 체험학습으로 수업 혁신을 이끌고 있다. 하지만 수학 수업에서는 아직 그 방법을 찾지 못해서 개념 이해보다는 설명 위주로 가르쳐서 수학 포기자를 많이 만들고 있는 현실이다. 앞으로 수업 혁신은 수학까지도 놀이처럼 몸으로 배우고 익히며, 색카드를 이용하여 개념을 이해하고, 수 맵으로 정리하면서 개념과 원리를 터득하여 지식이 아닌 지혜를 배우는 공부를 할 때, 초등학교부터 수학을 포기하는 아이들이 없어질 것이며 우리 아이들이 4차 산업혁명 시대의 주역이 되는 바탕을 키울 것으로 기대해 본다.

교수법의 대가인 조벽 교수님은 어른들이 배우는 감정 코칭 전문가나 가트맨 부부치료 상담가를 양성할 때 머리로 아는 내용이 몸으로 익혀질 때까지 수백 시간 실습을 한다. 이렇듯 어른도 이론이 몸 세포에 박힐 때까지 수백 시간 연습을 해서 자기 것으로 만들어야 하는데 초등학교 수업은 머리가 아닌 몸으로 배워야 함은 너무나도 당연하지 않을까? 몸짓 수학 두 번째 책 《색카드 놀이 수학》이 그 답을 제시하고 있다.

2017년 12월 25일

천안 한들초등학교 교장 김 영 주

TABLE OF CONTENTS 📖
목차

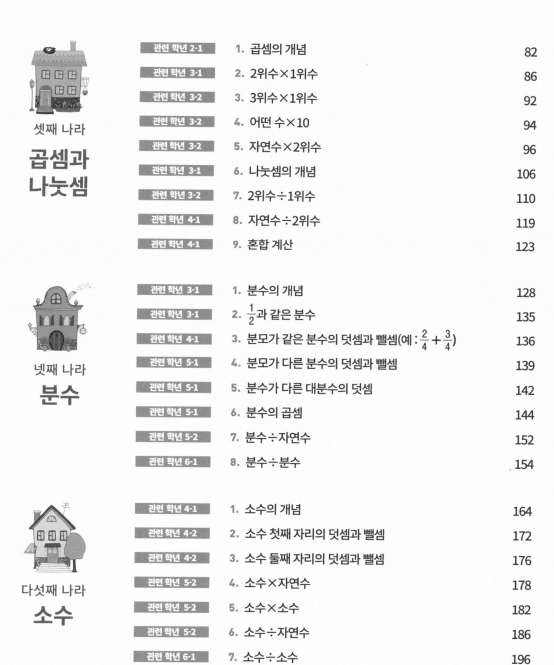

일러두기

 책을 사용하는 방법

이 책은 색카드를 활용하여 수와 연산을 공부하게 되어 있다.

아이들이 싫어하는 수학 공부를 색카드를 사용하여 아이들이 좋아하는 놀이의 방법으로 공부하게 만든 책이다. **아이들은 색카드로 수학 공부를 한 후 공부했다고 말하지 않고, 놀았다고 표현한다. 놀면서 공부 잘하게 만드는 것이 이 책의 특징이다.**

놀이는 몸을 움직여야지 눈으로 훑는 것은 아니다. 이 책을 눈으로만 훑으면서 공부한다면 수학의 개념을 학습자의 것으로 만들지 못할 것이다.

수학의 개념에 대한 설명은 오히려 학습자의 사고 활동을 방해할 수 있다. 학습자가 스스로 활동하는 가운데 초등 수학의 수와 연산을 알아 갈 수 있게 지켜보기만 하면 된다.

이 책은 처음부터 끝까지 개념과 계산 원리를 찾아가게끔 구성되어 있다. 학습자들이 특히 어려워하는 부분을 중점적으로 다루었다. 계산하는 것에 조급해하지 말고, 활동하면서 천천히 공부하면 좋은 성과를 거둘 것이다.

 용어의 정의

수학 언어는 모든 나라에서 같이 사용하는 만국 공통어이므로 수학 용어를 명확하게 사용하는 것이 중요하다. 대한민국 안에서도 수학의 언어가 통일되지 않고, 사용자의 생각대로 수학 언어를 구사하는 모습을 볼 수 있다. 예를 들면 8을 3과 5로 '나누어 보라'고 쉽게 사용하고 있는데 이는 잘못된 언어 표현이다. 8을 3과 5로 '가르기를 하라'고 하는 것이 맞는 표현이다. 수학에서 나눈다는 용어는 나눗셈에서 사용되는 것처럼 똑같이 나누는 것을 의미한다.

아래에서 정확하게 사용해야 할 수학 언어를 소개한다.

모으기 두 개 이상의 수를 하나의 접시에 '모으기' 한다는 뜻이다. (여기에서 접시는 이 책에서 사용하는 네모 접시 그림을 의미한다.)

합 두 개 이상의 수를 하나의 접시에 모으기 한 결과를 '합'이라 한다.

가르기 어떤 수를 두 개 이상의 접시로 '가르기'를 한다는 뜻이다.

차 두 개의 수 이상의 수로 가르기 한 이후 얻어지는 결과를 '차'라고 한다.

| 배 | 한 개의 수를 중심으로 그 수를 묶은 것이 여러 개 있을 때 한 개의 몇 '배'라는 용어를 사용한다. 곱셈에서 사용하는 언어이다. |

| 곱 | 곱셈의 결과를 '곱'이라 한다. |

| 나누기 | 어떤 수에서 계속 같은 수로 나누어 주는 것을 '나누기'라 한다. 어떤 수가 0이 될 때까지 나누어 준다. |

| 몫 | 나눗셈으로 얻어지는 결과를 '몫'이라 한다. 자연수의 계산에서는 똑같은 수로 나누어 주었을 때 한 사람씩 가지는 양을 몫이라 한다. 혹은 어떤 수를 두고 한 사람에게 몇 개씩 나누어 주었을 때 몇 사람이 받을 수 있는가 나타내는 것을 몫이라 한다. |

③ 책의 구성

이 책은 대부분의 제재가 같은 구성을 갖고 있다. 수학 언어를 바르게 이해하는 것이 중요하므로 수학 언어의 의미 이해를 앞에 두고, 그다음 색카드를 활용해서 수학 언어를 형상화한다.

학습자는 형상화를 통해서 수학 언어를 명확하게 이해할 수 있고, 또 결과도 도출할 수 있게 된다. 색카드로 활동한 다음 수학 언어를 수 맵으로 그려 보면서 4칙 계산의 의미를 다시 한 번 새기게 된다. 이 모든 과정을 통해서 의미와 결과를 이해했으면 수학나라 말로 완전히 정리하게 된다. 그리고 익히기 혹은 놀이를 통해서 유사한 수학 언어들을 순서대로 해결해 봄으로써 수학 언어는 물론 계산의 원리까지 완전히 이해할 수 있게 했다.

④ 자료 사용법

사용하는 색카드의 크기는 보통 1, 2학년 때는 8절 색도화지(분홍, 파랑, 연두, 노랑)를 16등분해서 사용한다. 3학년 이상이 되면 8절 색도화지를 32등분해서 사용해도 좋다. (16등분 혹은 32등분은 상황에 맞추어서 사용하면 된다.)

책의 그림에서 나오는 네모는 네모 접시로 인식하면 이해가 쉽다. 네모 접시에 직접 색카드를 놓아 가며 공부하도록 한다. 네모 접시로 도화지나 A4 용지를 사용하면 된다. 큰 접시가 필요하면 도화지 그대로 사용하고, 작은 접시가 필요하면 도화지를 잘라서 사용하면 된다. 그리고 곱셈과 나눗셈에서는 묶음 접시가 등장한다. 이 묶음 접시는 도화지에 묶음 리본을 그린 묶음 접시 그림을 그려서 사용하면 된다.

색카드 분수는 빨강 색종이와 초록 색종이를 사용한다. 폭은 1~2cm 정도로 자르면 된다. 학년과 학습자의 상황에 따라 사용하는 색종이의 크기는 다르게 할 수 있다

소수를 공부할 때 검정색 도화지, 회색 도화지, 흰색 도화지를 사용하기로 약속한다. 회색 도화지가 없으면 회색 색종이를 사용하면 된다.

시작하기 전에

여러분! 우리들을 소개할게요. 이름은 '쑥쑥이'와 '토실이'입니다.

몸도 쑥쑥, 마음도 쑥쑥 자라고 싶어서 쑥쑥이라 이름 지었어요.

쑥쑥이와 함께 지식과 지혜를 토실토실 여물게 하고 싶어서 토실이라 지었어요.

신기한 곳을 찾아다니며 지식과 지혜를 쌓아서 창조적인 일을 많이 만드는 것이 우리들의 취미입니다.

"와아! 우리들 앞에 '수학나라' 푯말이 보여요. 어떤 나라인지 너무 궁금해요. 우리 쑥쑥이와 토실이는 용감하게 그 나라에 들어갑니다!"

"안녕, 반갑다. 반가워. 수학나라에 온 것을 환영한다."

수학나라 문지기가 우리들을 반갑게 맞이했어요.

"너희들이 살던 곳과는 좀 다른 모양의 글씨들이 보일 거야. 염려하지 마. 수학나라에 있는 각 방을 다니면서 문지기들이 안내하는 대로 활동하면서 놀아 보렴. 놀고, 활동하는 가운데 수학나라가 어떤 곳인지 잘 이해하게 될 거야."

"감사합니다! 우리들이 열심히 활동하고 놀면서 수학나라를 잘 알도록 하겠습니다. 우리는 쑥쑥이와 토실이입니다" 하면서 군인 아저씨들이 인사하는 모습처럼 큰 소리로 문지기에게 인사를 했습니다.

▲ 일의 자리 – 허리춤

▲ 십의 자리 – 팔춤

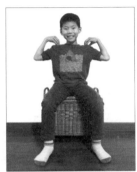

▲ 백의 자리 – 어깨춤

▲ 천의 자리 – 머리춤

▲ 소수 첫째 자리 – 엉덩이춤

▲ 소수 둘째 자리 – 무릎춤

▲ 소수 셋째 자리 – 발등춤

▲ 숫자 1 – 몸으로 만들기

▲ 숫자 2 – 몸으로 만들기

놀이(놀이의 방법과 사용하는 예)

놀이와 공부를 따로 바라보는 것은 어른의 오류다.

놀이는 막연히 노는 것에 불과한 것이 아니다. 특히 아이들은 놀이를 통해서 몸과 마음이 자라고 있다. 놀이를 통해서 세상을 알아 가고 경험하는 것이다.

놀이는 긴장과 쾌락과 재미를 함께 갖고 있다.

수학 학습 활동에서도 놀이를 적용하면 긴장하는 가운데 공부하고, 쾌락과 재미를 느낄 수 있어 학습 활동의 효과는 교사의 눈을 의심할 정도로 놀랍기까지 하다.

놀이는 2명 이상이면 언제든지 가능하다. 1명이라도 알맞은 상황을 만들면 놀이할 수 있다.

눈치 게임

문제에 어울리는 답을 무작위 순서로 빨리 1사람이 말하는 놀이이다.
2사람 이상이 동시에 그 답을 말하면 다시 처음으로 내려와서 그 답을 말해야 한다.

놀이 방법의 예

- $\frac{1}{4}, \frac{1}{5}, \frac{1}{2}, \frac{1}{3}, \frac{1}{10}$의 분수가 있다. 크기가 큰 분수부터 차례로 말하시오.

- $\frac{1}{2}$을 누군가 발표할 때 여러 사람이 동시에 말하면 1사람이 $\frac{1}{2}$을 말할 때까지 다시 시작한다.

- 그다음 $\frac{1}{3}$을 여러 사람이 동시에 말하면 다시 $\frac{1}{2}$부터 내려가서 발표하며 끝까지 가는 놀이다.

문제의 예시

- 곱이 작은 것부터 말하기
  - ① 3 × 0.2
  - ② 4 × 0.2
  - ③ 0.3 × 0.2
  - ④ 0.4 × 0.2

- 몫이 작은 것부터 말하기
  - ① $10 \div \frac{1}{2}$
  - ② $15 \div \frac{1}{2}$
  - ③ $5 \div \frac{1}{2}$
  - ④ $7 \div \frac{1}{2}$

아이 앰 그라운드 놀이

아이 앰 그라운드(양 손바닥을 허벅지에 대기 → 손뼉치기 → 오른손 엄지 → 왼손 엄지의 순서) 4박자에 맞추어서 놀이에 알맞은 답을 말한다.

놀이 방법의 예

● 교사가 먼저 박자에 맞춰 "아이 앰 그라운드 2의 배수 말하기" 하며 말한다.
● 순서대로 돌아가며 박자에 맞춰 "4" 하면, 그다음 사람은 박자에 맞춰 "6"한다.

문제의 예시

● 240부터 10 건너뛰기
● 100의 1배는 100, 100의 2배 200, 100의 3배 300, 100의 4배 400

상어 놀이

상어가 요구하는 답을 상어가 참여자에게 도착하기 전에 문제 해결을 하는 놀이다.

놀이 방법의 예

● 이끔이가 상어 모습(두 팔을 모은 채 앞으로 쭉 뻗고 손바닥은 편 채 서로 모은다. 이끔이는 상어의 매서운 눈을 한다)을 하면서 놀이 참여자들 앞으로 걸어간다.
● 갈 때 상어는 문제 제시를 한다.
● 말로 해도 되고, 쪽지에 써서 참여자에게 간다.
● 상어는 $\boxed{3 + 5 = 8}$ 을 보이면서 "뺄셈을 만드시오" 한다.
● 놀이 참여자는 $\boxed{8 - 5 = 3}$ 을 쪽지에 쓴 후 높이 든다.

놀이를 사용하는 예시

● $\boxed{2 \times 3 = 6}$ 을 쓴 후 나눗셈으로 만들기
● 9 이하의 자연수를 모두 쓰시오.

첫 번째 수학나라는 자연수 나라!
분홍, 파랑, 연두, 노랑의 색카드가 많이 보여요.
뭘 하는 걸까? 색카드로 비행기를 접으려 하나?

첫째 나라 **자연수**

01 수학나라 말

"수학나라에는 5개의 나라가 있단다. 어떤 나라인지 궁금하지?
자연수들이 사는 나라에 먼저 들어가도록 하자."
우리들은 문지기를 따라갔어요.
"이제부터 너희들은 여러 가지 활동을 하면서 수학나라 말을 이해하게 될 거야."
문지기는 첫 번째로 9까지의 자연수들이 살고 있는 방으로 우리들을 안내했어요.
방에는 여러 가지 물건들이 많이 있어서 우리들은 큰 소리로 물건들의 개수를 세어 보았어요. 야구공 한 개,
모자 한 개, 귤 한 개, 지우개 한 개, 가방 한 개 등 한참 동안 세고 있는데 수학나라 문지기가 우리에게 한 개
를 수학나라 말로 써 보라고 했어요. 우리는 수학나라 말을 처음 들었어요. 무슨 말인지 잘 몰라서 주춤하고 있
을 때 문지기가 친절히 가르쳐 주었어요.
모자 한 개, 야구공 한 개, 지우개 한 개 등 한 개를 나타내는 수학나라 말은 '1'로 표현한다고 했어요. 읽을 때는
'일'이라고 읽는다고 했어요.
문지기는 한 개가 있는 곳에 모두 1 카드를 써서 붙이라고 했어요. 우리들은 1 을 만들어 한 개 있는 곳
에 다 붙여 주면서 "일" 하고 큰 소리를 내었어요.

02 몸으로 숫자 쓰기

문지기는 또 우리들의 몸을 이용해서 '1' 모양을 만들어 보라고 했어요. 둘이는 자기의 생각대로 '1' 모양을
만들었어요. 참 재미있었어요.
눈은 두 개, 귀도 두 개, 콧구멍도 두 개, 다리도 두 개인데, 두 개는 수학나라 말로 어떻게 쓰는지 궁금했어요.
문지기는 우리의 마음을 알아채고, 두 개는 '2'라고 표현
한다고 했어요. 읽을 때는 '이'로 읽는다고 했어요. 우리
의 몸을 이용해서 '2' 모양도 만들어 보기로 했어요.
문지기는 다른 수학나라 말도 여러 활동으로 배우자고
했어요.

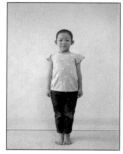

몸으로 만든 숫자 1 ▶

첫째 나라
자연수
1. 9까지의 수

◆ 세는 방법 ◆ ① 주변의 물건 세기

② 손뼉 등 몸짓으로 표현하며 세기(몸짓 : 손뼉, 발 구르기, 하품, 눈 깜빡 등)

세기	수학나라 말	우리말로 읽기	몸을 이용해서 숫자 만들기	몸짓춤
손뼉 한 번	1	일	여러분의 몸으로 직접 만들어 보세요	허리춤 1번 (양손으로 허리를 1번 친다)
손뼉 두 번	2	이		
손등치기 세 번	3	삼	여러분의 몸으로 직접 만들어 보세요	허리춤 3번
손등치기 네 번	4	사		허리춤 4번
발 구르기 다섯 번	5	오		허리춤 5번
발 구르기 여섯 번	6	육		허리춤 6번
인사 일곱 번	7	칠		허리춤 7번
인사 여덟 번	8	팔		허리춤 8번
손뼉치기 아홉 번	9	구	여러분의 몸으로 직접 만들어 보세요	허리춤 9번
손뼉치기 없음	0	영		없음

수학나라는 전 세계 사람들이 자기 나라 말 대신에 수학나라 말을 사용하는 특별한 나라인 것을 알았어요.

수학 시간에는 수학나라 말을 사용하는 것도 알았어요.

자연수
2. '수' 놀이

01 수 카드 빨리 집기

① 둘 이상의 사람들이 놀이한다.

② 0~9까지 수 카드를 펼쳐 둔다.

③ 술래가 "다섯" 하면 수 카드 5 를 빨리 집는다. "아홉" 하면 수 카드 9 를 빨리 집는다.

④ 술래는 "다섯" 하고 소리 낸 다음 작은 소리로 "1, 2, 3" 하면서 초를 잰다. 3초 안에 수 카드를 집으라는 뜻 이다.

  ※ 숫자가 안 씌어진 분홍 카드 10장을 펼쳐 놓고 "다섯" 하면 '다섯' 장 집기 놀이로 할 수도 있다.

02 1, 2, 3 놀이

① 두 사람이 서로 수(1, 2, 3)를 주고받는다.

  예 교사 : 1, → 학생 : 2, → 교사 : 3, → 학생 : 1, → 교사 : 2 → 학생 : 3 → 교사 : 1 → 이렇게 계속해서 반복한다.

② '3'을 부르는 대신 '손뼉치기'로 하기로 약속한다.

  예 교사 : 1, → 학생 : 2, → 교사 : 손뼉 → 학생 : 1, → 교사 : 2 → 학생 : 손뼉 → 교사 : 1 → 이렇게 계속해서 반복한다.

③ 3 대신에 '손뼉' 2 대신에 '땡' 소리를 낸다

  예 교사 : 1, → 학생 : 땡, → 교사 : 손뼉, → 학생 : 1, → 교사 : 땡, → 학생 : 손뼉 → 교사 : 1 → 이렇게 계속해서 반복한다.

④ 수를 배우는 과정에 맞추어 다른 수를 사용한다.

  예를 들면 (5, 6, 7), (7, 8, 9) 등이다.

  예 교사 : 5, → 학생 : 6, → 교사 : 7, → 학생 : 5, → 교사 : 6 → 학생 : 7, → 교사 : 5 → 이렇게 계속해서 반복한다.

03 종이공 넘기기

① 종이공(종이를 뭉쳐서 만든 공)을 옆 사람에게 주며 "세 개는 3입니다." 소리 낸다.
② 옆 사람은 받은 종이공을 또 오른쪽의 옆사람에게 넘기며 "세 개는 3입니다." 소리 낸다.
③ 내용을 변화시키며 놀이를 한다. (예 일곱 개는 7입니다. 혹은 5는 4보다 1 큽니다 등)

04 무궁화꽃이 피었습니다

① 술래가 벽을 보면서 "무궁화꽃이 세 송이 피었습니다." 소리를 낸다.
② 다른 사람들은 손가락 세 개를 들면서 몰래 술래 앞으로 다가간다. (손가락 세 개 대신 세 걸음 앞으로 오는 것도 할 수 있음)
③ "무궁화꽃이 다섯 송이 피었습니다." 하면서 변화시키며 놀이한다.
④ 이 놀이를 두 사람이 앉아서 손가락 펴기로도 할 수 있다.

05 수 카드를 오른손으로 혹은 왼손으로 들기

① 술래가 수 카드 5 를 오른손으로 들 때 상대는 5보다 1 큰 수인 6 을 든다.
② 술래가 수 카드 5 를 왼손으로 들 때 상대는 5보다 1 작은 수인 4 를 든다.

06 상상의 물건을 개수대로 표정 지으며 들어 올리기

① "뜨거운 밤 세 개" 하면 뜨거운 밤 세 개를 하나씩 들어 올리는 표정을 짓는다.
② 밤 대신에 낙지, 거미, 메뚜기, 개미, 얼음, 수박 등 여러 가지를 해 본다.
③ 표정을 제대로 못 짓는 사람이 술래가 되어 놀이를 계속한다.

쑥쑥이와 토실이는 여러 장의 분홍 카드를 가지고 또 길을 갑니다. 변신의 방 문지기가 나타났습니다.

쑥쑥이에게 갖고 있는 색카드가 몇 장인지 세어 보라고 했어요.

"하나, 둘, 셋, 넷, 다섯, 여섯, 일곱, 여덟, 아홉, 열. 열 장입니다." 큰 소리로 외쳤어요.

문지기는 열 장을 수학나라 말로 표현하라고 했어요.

둘이는 '열'의 수학나라 말을 몰랐어요.

잘 가르쳐 줄테니 활동하면서 배우라고 문지기가 말했어요.

◆ **준비와 활동** ◆　① 0~9까지의 수 카드를 만들어 책상 왼쪽 위에 둡니다.

② 분홍 카드 10장과 파랑 카드 1장을 준비합니다.

③ 분홍 카드를 차례로 놓고 개수에 알맞은 수 카드를 든 후 그 수 카드를 오른쪽 책상 위로 옮깁니다.

파랑 카드	분홍 카드	읽기	알맞은 수 카드 (수학나라 말)	중요한 활동
	▬	한 장	1	**분홍 카드 아홉 장 이후부터 하는 아래 활동이 중요하다.**
	▬ ▬	두 장	2	① 분홍 카드 아홉 장을 놓은 후 수 카드 9를 오른쪽으로 이동시키면서 책상 위 왼쪽에 수 카드가 하나도 없음을 확인한다.
	▬ ▬ ▬	세 장	3	② 분홍 카드 아홉 장에 분홍 카드 한 장을 더 놓는다. → 열 장이 된다.
	▬ ▬ ▬ ▬	네 장	4	③ 열 장을 표현할 수학나라 말(수 카드)이 왼쪽에 없음을 다시 확인한다.
	▬ ▬ ▬ ▬ ▬	다섯 장	5	④ 이때 열 장의 분홍 카드들이 외친다. "열 장을 표현할 수 카드가 없어요. 이사 보내 주세요. 답답해요. 터질 것 같아요" 라고 말한다. ⑤ 파랑 카드 한 장이 등장하면서 "너희들 분홍 카드 열 장 모두 내 속으로 들어와. 난 너희들 열 장을 모두 품을 수 있어" 하며 큰 소리로 말한다.
	▬ ▬ ▬ ▬ ▬ ▬	여섯 장	6	⑥ 분홍 카드 열 장은 모두 파랑 카드 밑으로 '슝' 하며 들어간다. ※ 분홍 카드 10장일 때의 그림 자세히 보기

파랑 카드	분홍 카드	읽기	알맞은 수 카드 (수학나라 말)
		일곱 장	7
		여덟 장	8
		아홉 장	9
② "너희들 모두 내 속으로 들어와 나는 분홍 10장을 품는단다."	변신 ← ① "분홍 카드 10장이 되니 답답해서 터질 것 같아요. 이사 보내 주세요."	열 장	1 0

★ 핵심 정리

분홍 카드 '10'장은 파랑 카드 '1'장으로 변신하여 왼쪽으로 이사한다.

수학나라 말   **1**   **0**

       파랑   분홍 카드
       카드   없음

'일십' 혹은 '십'이라고 읽는다.

01 손가락 '10' 만들기

① 두 사람의 손가락을 합하여 '10'을 만드는 놀이다.
② 가위바위보 해서 이긴 사람이 "3" 하면서 손가락 셋을 펴면 상대방은 손가락 일곱을 펴면서 "7" 한다.
③ 손가락을 펴는 개수를 계속 바꿔 가며 하는 놀이이다.

02 몸짓춤

① 한 사람이 허리춤 '세 번'을 추면서 "삼" 하면 상대방은 허리춤 '일곱 번'을 추면서 "칠" 하고 소리 낸다.
② 수를 바꿔 가며 계속하는 놀이다.

03 수 불러서 '10' 만들기

① 손가락 '10' 만들기 놀이가 익숙해진 다음에 하는 놀이다.
② 한 사람이 "6"을 부르면 상대방은 "4"로 화답한다.

04 안마로 '10' 만들기

① 상대방에게 3번의 안마를 하면 안마를 받은 사람은 7번의 안마를 해 준다.
② 안마 수를 바꿔 가며 계속 놀이한다.
③ 혼자 공부일 때는 자신의 왼쪽 팔과 오른쪽 팔에 안마를 한다.

ㅣ잠ㅣ깐ㅣ만ㅣ요ㅣ 몸을 사용하는 놀이는 언제, 어디서든지 할 수 있는 전천후 놀이다. 그리고 몸을 사용하면 두뇌의 활성화를 촉진시켜서 이해력이 높아지고, 기억을 오래 지속시킨다. '10' 가르기와 모으기 놀이는 수없는 반복이 꼭 필요하다.

문지기 : 두 자릿수의 방에서 색카드와 몸짓으로 활동해 보렴.

---

01 수를 색카드로 놓기

① 11

② 22

③ 23

④ 50

⑤ 33, 47, 66, 72, 80, 99를 색카드로 놓고 수 읽기

---

02 19에 1이 놀러 왔어요. 어떤 일이 일어날까요?

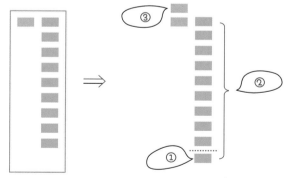

① "나도 같이 놀고 싶어."
② 어떤 소리가 들릴까요? 크게 말해 보세요. "10장이 되니 답답해요. 이사 보내 주세요."
③ "분홍 카드 10장은 파랑 카드 1장으로 변신 슝!"

---

03 29, 39, 49, 59, 69, 79, 89에 1이 놀러 왔어요.
어떤 일이 일어나는지 색카드로 놓아 가며 활동하시오

자연수
5. 두 자릿수

ㅣ잠ㅣ깐ㅣ만ㅣ요ㅣ 1학년 단계에서 50까지만 가르치는 나라들도 많다. 이는 수의 개념이 어린 아이들에겐 상당히 어렵다는 것을 의미한다. 색카드로 수를 놓아보는 활동을 계속하는 가운데 아이들은 자신도 모르게 수 개념을 바르게 정립하게 된다.

04 건너뛰기

① 1씩 건너뛰기(색카드로 먼저 놓은 후 색연필로 색카드 그리기)

3 3 - (　　　) - (　　　) - 3 6

② 1씩 건너뛰기(색카드로 먼저 놓은 후 색연필로 색카드 그리기)

2 8 - (　　　) - (　　　) - (　　　) - 3 2

③ 10씩 건너뛰기(색카드로 먼저 놓은 후 색연필로 색카드 그리기)

1 4 - 2 4 - (　　　) - (　　　)

④ 20씩 건너뛰기(색카드로 먼저 놓은 후 색연필로 색카드 그리기)

(2 1) - (4 1) - (　　　) - (　　　)

05 몸짓춤 표현하기

① 10의 몸짓춤 표현(팔춤 : 팔을 접은 채 옆구리에 1번 친다.)

② 30의 몸짓춤

③ 50의 몸짓춤

④ 70의 몸짓춤

⑤ 90의 몸짓춤

⑥ 21, 37, 48, 62, 77, 88, 91의 몸짓춤(팔춤과 허리춤으로 표현하시오.)

06 색카드를 보고 몸짓춤으로 표현하기

①   ②   ③   ④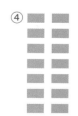

07 수를 읽고 허리춤으로만 표현하기

수	허리춤
10	(10)번
20	( )번
50	( )번

08 수를 읽고 팔춤으로만 표현하기

수	팔춤
10	( )번
20	(2)번
50	( )번

 놀이 건너가세요

〈방법 : 두 편으로 나눠 1m 간격으로 마주 보며 서기. 이끔이의 말에 해당 사항이 있으면 각각 다른 편으로 건너가기〉

① 24의 몸짓춤을 출 수 있는 사람은 건너가세요(할 수 있는 사람은 다른 편으로 건너가고, 건너간 사람이 표현하게 함. 못하는 사람은 제자리에 그대로 있기).

② 52의 몸짓춤을 출 수 있는 사람은 건너가세요.

③ 60의 몸짓춤과 색카드로 표현할 수 있는 사람은 건너가세요.

문지기 : 세 자릿수 방에 온 것을 환영한다.

01 연두 카드가 나타났네!

문지기 : 99를 색카드로 놓아 보렴.

아이들 :

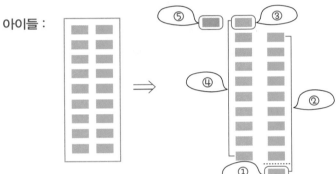

문지기 : 분홍 카드 1장이 ① "같이 놓고 싶어." 하면서 왔네. 10장이 되니 무슨 소리가 들려!

아이들 : ② "답답해요. 터질 것 같아요. 이사 보내 주세요." 소리가 들려요.

문지기 : 어쩌지?

아이들 : 파랑 카드로 이사 보내 줘요. ③ "나한테로 들어와. 분홍 카드 10장은 파랑 카드 1장으로 변신 슝 !"

문지기 : 얘들아, 또 소리가 들려. ④ "답답해요. 이사 보내 주세요."

아이들 : 파랑 카드 10장이 이사 보내 달라고 해요. 연두 카드 집으로 보내 줘요.

문지기 : ⑤ "파랑 카드 10장은 연두 카드 1장으로 변신 슝 !"

| 1 | 0 | 0 |

'일백' 혹은 '백'이라고 읽는다.

아이들 : 몸짓춤은 어떻게 추나요?

문지기 : 어깨춤(양손으로 어깨를 1번 친다.)

02 색카드 놀이(색카드로 먼저 놓은 후 색연필로 색카드 그리기)

① (1 7 3)

② (2 4 1)

③ (5 1 6)

④ (1 0 5)

⑤ (2 3 0)

⑥ (8 0 4)

03 건너뛰기(색카드로 먼저 놓은 후 색연필로 그리기)

① 10씩 건너뛰기

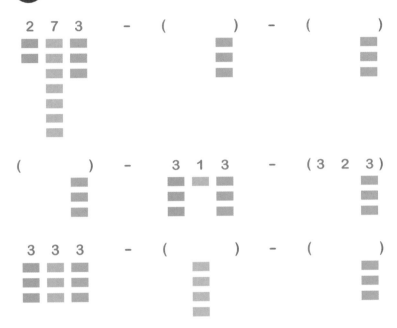

2 7 3 – (   ) – (   )

(   ) – 3 1 3 – (3 2 3)

3 3 3 – (   ) – (   )

놀이 경찰관 아저씨, 잃어버린 수를 찾아 주세요

〈방법 : 경찰관 1명을 정해서 밖으로 보내고, 학생들은 잃어버린 수를 정한다. 예 273〉

① "경찰관 아저씨, 잃어버린 수를 찾아 주세요" 소리치면서 경찰관을 불러들인다.

② 경찰관은 학생 1명에게 가서 질문한다. "어떤 수를 잃어버렸습니까?"

③ 학생 : "예, 어깨춤이 2번인 수입니다" 경찰관은 5명에게 질문하고, 학생은 답한다.

④ 학생은 정확한 답은 하지 않고, 근접(답에 가까운)한 답변만 한다.

예 팔춤은 6번보다 많습니다. 분홍 카드가 3장입니다. 파랑 카드가 8장보다 적습니다. 세 자릿수입니다 등을 듣고 경찰관은 수를 찾아 준다.

② 100씩 건너뛰기(색카드로 먼저 놓은 후 색연필로 그리기)

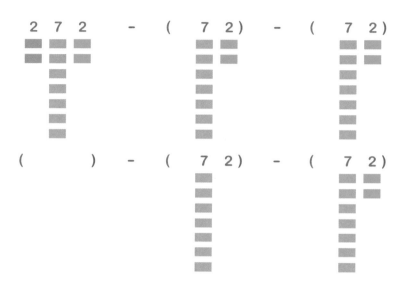

2 7 2   -   (7   2)   -   (7   2)

(   )   -   (7   2)   -   (7   2)

04   **파랑 카드만 사용, 연두와 파랑 카드 사용**

수	파랑 카드	연두와 파랑 카드	
190	파랑 카드 (19) 장	연두 카드 (1) 장과	
		파랑 카드 (9) 장	
100	파랑 카드 ( ) 장	연두 카드 ( ) 장과	
		파랑 카드 ( ) 장	
150	파랑 카드 ( ) 장	연두 카드 ( ) 장과	
		파랑 카드 ( ) 장	
540	파랑 카드 ( ) 장	연두 카드 ( ) 장과	
		파랑 카드 ( ) 장	

첫째 나라   자연수

6. 세 자릿수

05 **팔춤으로 표현, 어깨춤과 팔춤으로 표현**

	팔춤으로	어깨춤과 팔춤으로
100	팔춤 ( ) 번	어깨춤 ( ) 번과 팔춤 ( ) 번
150	팔춤 (15) 번	어깨춤 ( ) 번과 팔춤 ( ) 번
250	팔춤 ( ) 번	어깨춤 (2) 번과 팔춤 (5) 번
350	팔춤 ( ) 번	어깨춤 ( ) 번과 팔춤 ( ) 번

 놀이 **나는 여러분을 사랑합니다**

〈방법 : 할 수 있는 사람은 계속 자리 이동을 한다〉

① 나는 숫자 카드 ⑤, ①, ⑨, ⓪, ③ 으로 가장 큰 세 자릿수를 만드는 사람을 사랑합니다(할 수 있는 사람은 쪽지에 쓴 후 무작위로 다른 자리에 가서 앉는다).

② 나는 위의 숫자 카드를 이용하여 가장 작은 세 자릿수를 만드는 사람을 사랑합니다.

③ 나는 작은 수에서 ⓪ ① ③ 으로 만들 수 없는 이유를 아는 사람을 사랑합니다.

문지기 : 반가워. 쑥쑥이와 토실아, 너희들 얼굴을 보니 지혜가 쑥쑥 자란 듯이 보인다. 색카드 놀이와
몸짓춤을 추면서 수학나라 말과 친해졌니? 이 방도 재미있을 거야.

01 노랑 카드가 나타났네!

문지기 : 얘들아, '999'를 색카드로 놓아 보렴.

아이들 :

문지기 : 분홍 카드 1장이 놀러 와서 말하네. ① "나도 같이 놓고 싶어". 10장이 되니 무슨 소리가 들려!

아이들 : 분홍 카드 10장이 말해요. ② "답답해요. 터질 것 같아요. 이사 보내 주세요."

문지기 : 어쩌지?

아이들 : 분홍 카드 10장을 이사 보내 줘요. ③ "분홍 카드 10장은 파랑 카드 1장으로 변신 슝!"

문지기 : 또 소리가 들려!

아이들 : 파랑 카드가 10장이 되었어요. ④ "파랑 카드 10장은 연두 카드로 변신 슝!"

문지기 : 또 어디서 소리가 들려!

아이들 : 연두 카드 10장이 답답하다고 이사 보내 달라고 해요.

문지기 : ⑤ "연두 카드 10장은 노랑 카드로 변신 슝!"

아이들 : 이제 알겠어요. 999에서 1이 들어오면 노랑 카드 1장, 연두 카드 0, 파랑 카드 0,
분홍 카드 0, 그래서 '1000'이 되는군요!

| 1 | 0 | 0 | 0 |

문지기 : '일천' 혹은 '천'이라고 읽는다.

아이들 : 몸짓춤은 어디입니까?

문지기 : '머리춤'(양손을 머리에 대고 1번 친다)

아이들 : 수 '1235'를 몸짓춤으로 해 볼게요.
　　　　(머리춤 1, 어깨춤 2, 팔춤 3, 허리춤 5)

문지기 : 역시 쑥쑥이와 토실이의 지식은 쑥쑥 자라고 토실토실 여무는구나.

---

02 **색카드 놀이(색카드로 먼저 놓은 후 색연필로 색카드 그리기)**

① 　1　2　3　4　　　②(2　2　4　1)　　　③(3　5　1　6)

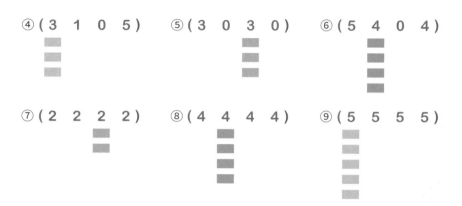

④ (3 1 0 5)   ⑤ (3 0 3 0)   ⑥ (5 4 0 4)

⑦ (2 2 2 2)   ⑧ (4 4 4 4)   ⑨ (5 5 5 5)

03 연두 카드만 사용, 노랑과 연두 카드 사용

수	연두 카드 사용	노랑과 연두 카드	
2200	(22)장	노랑 ( )장과	연두 ( )장
1000	( )장	노랑 ( )장과	연두 ( )장
2000	( )장	노랑 ( )장과	연두 ( )장
2500	( )장	노랑 ( )장과	연두 ( )장
7400	( )장	노랑 ( )장과	연두 ( )장
9100	( )장	노랑 ( )장과	연두 ( )장
3300	( )장	노랑 ( )장과	연두 ( )장

04 건너뛰기

1 10씩 건너뛰기(색카드로 먼저 놓은 후 색연필로 색카드 그리기)

4 2 7 3 – ( ) – ( ) –

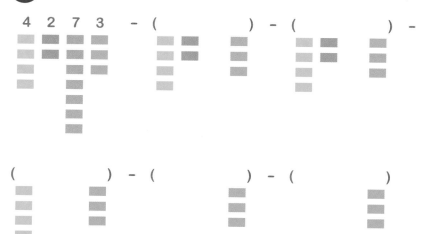

( ) – ( ) – ( )

 놀이 건너가세요. 두 편으로 나눠 1m 간격으로 마주 보며 서기

〈건너간 후에는 실제로 표현하게 한 후 부족하면 교사가 설명을 한다.〉

① 3273의 몸짓춤을 출 수 있는 사람은 건너가세요.

② 3273보다 200이 큰 수의 몸짓춤을 출 수 있는 사람은 건너가세요.

③ 4073의 몸짓춤을 출 수 있는 사람은 건너가세요.

④ 4073보다 1000이 작은 수의 몸짓춤을 출 수 있는 사람은 건너가세요.

⑤ 5005보다 100이 작은 수의 몸짓춤을 출 수 있는 사람은 건너가세요.

⑥ 7020보다 600이 큰 수의 몸짓춤을 출 수 있는 사람은 건너가세요.

② 1000씩 건너뛰기(색카드로 먼저 놓은 후 색연필로 색카드 그리기)

5 2 7 3 – (　　　　　) – (　　　　　) – 8 2 7 3

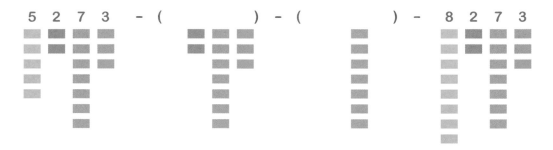

③ 100씩 건너뛰기(색카드로 먼저 놓은 후 색연필로 색카드 그리기)

(　　　　) – (　　　　) – 2 0 5 2 – (　　　　)

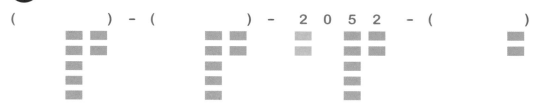

05 어깨춤으로 표현, 머리춤과 어깨춤으로 표현

	어깨춤으로	머리춤과 어깨춤으로
1700	어깨춤 (17) 번	머리춤 (1) 번과 어깨춤 (7) 번
2000	어깨춤 (　　) 번	머리춤 (　　) 번과 어깨춤 (　　) 번
2500	어깨춤 (　　) 번	머리춤 (　　) 번과 어깨춤 (　　) 번
3300	어깨춤 (　　) 번	머리춤 (　　) 번과 어깨춤 (　　) 번

06 색카드의 개수를 보며 수를 쓰기

이	1
이	9
이	0
이	7

이	0
이	15
이	5
이	5

이	9
이	3
이	25
이	12

이	7
이	21
이	20
이	13

07 (   ) 안에 알맞은 수를 넣으시오

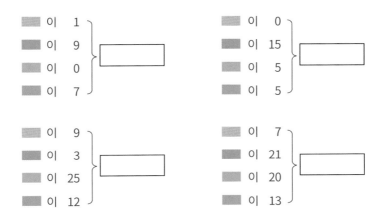

수 5000은	허리춤일 때	( ) 번 춘다.
	팔춤일 때	( ) 번 춘다.
	어깨춤일 때	(50) 번 춘다.
	머리춤일 때	( ) 번 춘다.
수 7000은	분홍 카드로	( ) 장 놓는다.
	파랑 카드로	( ) 장 놓는다.
	연두 카드로	( ) 장 놓는다.
	노랑 카드로	( ) 장 놓는다.
수 3050의	허리춤일 때	( ) 번 춘다.
	팔춤일 때	( ) 번 춘다.

첫째 나라

자연수

8. 큰 수

문지기 : 잘 왔다. 쑥쑥이와 토실아!

　　　　여기엔 귀여운 병아리들이 아주 많이 있단다.

01 색카드가 접혔어요

아이들 : 병아리가 몇 마리인지 궁금해요.

문지기 : 나의 몸짓춤을 보고 알아맞혀 보렴.

머리춤	9
어깨춤	9
팔춤	9
허리춤	9

아이들 : 9999마리입니다.

문지기 : 아주 잘 맞혔다. 색카드로 놓아 보렴.

아이들 :

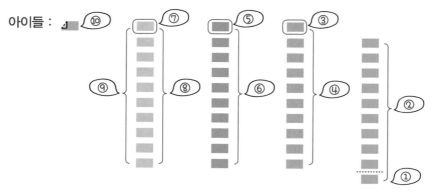

병아리 1마리가 같이 놀고 싶다고 왔어요.

문지기 : 모두 몇 마리인지 수학나라 말로 써 보렴. 지금까지 한 방법대로 해 보렴.

아이들 : ① "같이 놀고 싶어."

　　　　② 분홍 카드 10장이 되었을 때 하는 소리 "이사 보내 주세요."

　　　　③ "파랑 카드로 변신 슝!"

　　　　④ 파랑 카드 10장이 되었을 때 하는 소리 ("　　　　　　　　")

　　　　⑤ "연두 카드로 변신 슝"

　　　　⑥ 연두 카드 10장이 되었을 때 하는 소리 ("　　　　　　　　")

　　　　⑦ ("　　　　　　　　")

　　　　⑧ 노랑 카드 10장이 되었어요. "답답해요. 이사 보내 주세요."

　　　　⑨ "큰일 났어요. 변신할 색카드가 없어요."

문지기 : 얘들아, 걱정할 것 없다. 왼쪽 위가 접힌 분홍 카드가 노랑 카드 10장을 품을 수 있어.

아이들 : 알았어요. ⑩ "왼쪽 위가 접힌 분홍 카드로 변신 슝!"

　　　　'10000'이 되는군요!

문지기 : 읽을 때는 '일만' 혹은 '만'이라 읽는다.

아이들 : 몸짓춤은요?

문지기 : 다시 허리춤으로 내려와서 허리춤 한 번을 추며 '일만'이라 소리 낸다.

아이들 : 그럼 십만은 파랑 카드 왼쪽 위 접기,

　　　　　　　백만은 연두 카드 왼쪽 위 접기,

　　　　　　　천만은 노랑 카드 왼쪽 위 접기 인가요?

문지기 : 역시 쑥쑥이와 토실이는 지혜롭고 창의적이다.

　　　　'99999999'를 읽어 보렴.

아이들 : 구천구백구십구만 구천구백구십구

문지기 : 99999999보다 1 큰 수를 '1억'이라 한다.

　　　　색카드는 🔖 왼쪽 위, 오른쪽 위를 모두 접고, 몸짓춤은 허리춤을 추며 '1억'이라 한다.

일 → 십 → 백 → 천, → 일만 → 십만 → 백만 → 천만, →

일억 → 십억 → 백억 → 천억, → 일조 → 십조 → 백조 → 천조, …

로 읽는다.

아이들 : 자연수를 읽을 때 위와 같이 일, 십, 백, 천의 순서로 나가는 규칙이 있어서 재미있어요.

02 색카드로 놓고 읽기

천억	백억	십억	일억	천만	백만	십만	일만	천	백	십	일	읽기
							1	0	0	1	5	일만 ( )
						3	0	5	1	0	7	삼십만 ( )
					5	0	8	0	4	2	9	( ) 사백이십구
				7	8	0	5	0	0	2	1	( ) 이십일
				9	9	9	9	9	9	9	9	( ) 구천구백구십구
			1	9	0	1	0	0	0	0	0	일억 구천일십만
												삼천일억 오천이백만 이십 (색카드를 놓아 보기)

첫째 나라

자연수

8. 큰 수

03 수를 색카드로 표현하기

수	노랑 카드만 사용	접힌 분홍 카드와 노랑 카드 사용
32000	( )장	왼쪽 위 접힌 분홍 카드 (3)장과 노랑 카드 (2)장
58000	( )장	왼쪽 위 접힌 분홍 카드 ( )장과 노랑 카드 ( )장
79000	(79)장	왼쪽 위 접힌 분홍 카드 ( )장과 노랑 카드 ( )장
84000	( )장	왼쪽 위 접힌 분홍 카드 ( )장과 노랑 카드 ( )장

04 건너뛰기

① 10000씩 건너뛰기(색카드로 먼저 놓아 보기)

385301   ─ (   ) ─ (   ) ─ (415301)

② 200000씩 건너뛰기(색카드로 먼저 놓아 보기)

385301   ─ (   ) ─ (785301) ─ (   )

② 3000000씩 건너뛰기(색카드로 먼저 놓아 보기)

40552312 ─ (   ) ─ (   ) ─ (49552312)

② 100000000씩 건너뛰기(색카드로 먼저 놓아 보기)

103725134 ─ (   ) ─ (303725134) ─ (   )

덧셈과 뺄셈 나라입니다.
방들이 아주 많이 보여요. 이상한 기호들도 보여요.
어떤 비밀을 갖고 있는지 차례대로 다녀 볼게요.

둘째 나라　덧셈과 뺄셈

 모으기

쑥쑥이는 종이 접시에 분홍 카드 두 장을 담고, 토실이는 종이 접시에 분홍 카드 한 장을 담아서 모으기 방에 들어가려고 합니다. 그때 문지기가 두 사람의 분홍 카드를 문지기가 주는 접시에 모으고, 모은 것이 몇 장인지 말하라고 했어요.

쑥쑥이와 토실이는 문지기가 내미는 새 접시에 분홍 카드를 모은 후 몇 장인지 세었어요. 모은 분홍 카드는 몇 장일까요?

① 색카드

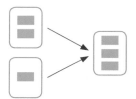

 모아서 세 장입니다.
둘은 큰 소리로 말했어요.

② 수 맵

분홍 카드 대신에 수 카드로 표현했어요.

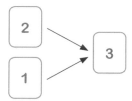

 모아서 '3'(삼)입니다.
둘은 큰 소리로 말했어요.

③ 교실 활동(훌라후프 이용)

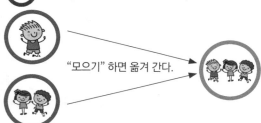

"모으기" 하면 옮겨 간다.

가르기

모으기 방을 지나서 가르기 방에 왔어요. 문지기가 모으기 한 색카드를 다시 원래대로 가르기를 하라고 했어요.

① 색카드

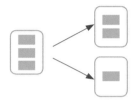

 세 장을 두 장과 한 장으로 가르기를 했어요.

문지기가 다시 "모으기" 라고 했어요. 우리들은 빨리 모으기를 했어요. 문지기가 다시 "가르기" 해서 또 '가르기'를 했어요. 참 재미있었어요.

② 수 맵

분홍 카드 대신에 수 카드로 표현했어요.

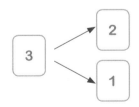

 3을 2와 1로 가르기 했어요.

③ 교실 활동(훌라후프 이용)

"가르기" 하면 옮겨 간다.

2. 덧셈과 뺄셈의 개념

01 덧셈

여기는 덧셈방입니다.

① '모으기'의 수학나라 말

문지기 : 아래의 그림은 무슨 뜻이니?

아이들 : 2와 1을 모은다는 뜻입니다.

문지기 : 수학나라에서는 ➔ 대신에 사용하는 기호가 있단다. 궁금하지?

아이들 : 궁금해요. '모은다'는 화살표 대신에 어떤 기호를 쓰나요?

문지기 : 잠깐 눈을 감아요. 짠! 바로 이것 $+$

아이들 : 와아! 수학나라 말을 알겠어요. 2 와 1 을 모으는 것이므로 2 $+$ 1 이라고 쓰겠군요!

② '같다'의 수학나라 말

문지기 :

(왼쪽)　(오른쪽)

　위의 그림에서 왼쪽의 2+1과 오른쪽의 3은 수의 크기가 당연히 같지요. 2와 1을 모으기 한 것이 3이니까요. '같다'의 수학나라 말은 짠! 이것 $=$

아이들 : 야호! 수학나라 말을 쓸 수 있어요.

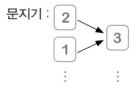

　$2 + 1 = 3$　2와 1을 모으기 한 것은 3과 같습니다.
　(왼쪽)　(오른쪽)

문지기 : 잘했다.

위의 그림을 수학나라에서는 '2 + 1 = 3' 이렇게 쓰고, '2 더하기 1은 3과 같다'라고 읽으며, 덧셈이라고 한다.

③ **그림(수 맵)을 수학나라 말(덧셈)로 표현하기**

④ **수학나라 말(덧셈)을 그림(수 맵)으로 표현하기**

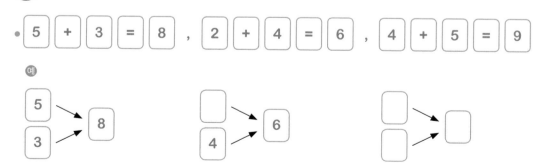

 뺄셈

여기는 뺄셈방입니다.

① '가르기'의 수학나라 말

문지기 : 아래의 그림은 무슨 뜻이니?

아이들 : 3을 2와 1로 가르기를 합니다.

그러므로 3에서 2를 가르기 하면 1이 남습니다.

문지기 : 3 옆의 화살표 ⤙ 는 어떤 뜻일까?

아이들 : 가르기를 한다는 뜻입니다.

문지기 : ⤙ 의 수학나라 말은 ⊟ 란다.

아이들 : 야호! 3에서 2를 가르기 하는 수학나라 말은 ③ ⊟ ② 군요!

문지기 : 그럼 3 - 2를 하면 얼마가 남니?

아이들 : 1이 남습니다.

문지기 : 수학나라 말을 완성해 보렴.

아이들 : 3 - 2 =　 1
　　　　　(왼쪽)　(오른쪽)

왼쪽과 오른쪽의 수의 크기가 같으므로 왼쪽과 오른쪽의 가운데에 '같다'는 수학나라 말 ' = (등호)' 기호를 둡니다.

문지기 : 위의 수학나라 말을 '뺄셈'이라 하며 '3 - 2 = 1'을 '3빼기 2는 1과 같다'로 읽는다.

그림으로 해 보면,

3에서 2를 가르기 하면 남는 수는 1이다. 이때 남는 수 1은 특별히 두 선 ⬚ 으로 표현한다.

② 그림(수 맵)을 보고 뺄셈으로 표현하기

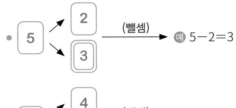 (뺄셈) ➡ 예 5-2=3

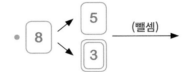

7 → 4, 3 (뺄셈) →

8 → 6, 2 (뺄셈) →

8 → 5, 3 (뺄셈) →

9 → 2, ☐ (뺄셈) →

③ 뺄셈을 그림(수 맵)으로 표현하기

예

8 → 1, ☐

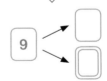

예

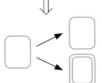

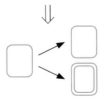

01 손가락 접고 펴기

1 덧셈

◉ **손가락을 접고 펴면서 수의 개념 및 덧셈을 익힌다**

① 손가락 2개를 접었다. 또 손가락 3개를 접었다. 접은 손가락은 모두 몇개인가?
② "2와 3을 모으면 5가 된다"를 큰 소리로 말한다.
③ 수 맵으로 그리기

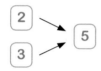

④ 수학나라 말로 쓰기

⑤손가락을 접는 개수를 변화시키며 놀이를 계속한다(합이 '10'이 안되는 수로 한다).

2 뺄셈

◉ **위의 방법과 거의 같은 놀이 방법이다.**

① 손가락 5개를 먼저 편 다음 3개를 접는다.
② 2개가 남는다.
③ "5에서 3을 가르기 하면 2가 남습니다"를 큰 소리로 말한다.
④ 수 맵으로 그리기

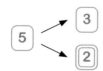

⑤ 수학나라 말로 쓰기

5	-	3	=	2

02 허리춤

① 덧셈

① 허리춤 1번과 허리춤 2번 추기 → 허리춤 3번
② 이 춤들을 보며 수 맵으로 그리기

$$\boxed{1} \searrow$$
$$\boxed{3}$$
$$\boxed{2} \nearrow$$

③ 수학나라 말로 쓰기

$$\boxed{1} \boxed{+} \boxed{2} \boxed{=} \boxed{3}$$

④ 익히기(위와 같은 과정으로 허리춤과 수 맵)

- $\boxed{3} \boxed{+} \boxed{3} \boxed{=} \boxed{}$
- $\boxed{4} \boxed{+} \boxed{3} \boxed{=} \boxed{}$
- $\boxed{5} \boxed{+} \boxed{4} \boxed{=} \boxed{}$

② 뺄셈

① 허리춤 4번에서 허리춤 1번을 손바닥이 밖을 향하게 빼는 몸짓하기
② 이 춤들을 보며 수 맵으로 그리기

$$\boxed{4} \nearrow \boxed{1}$$
$$\searrow \boxed{3}$$

③ 수학나라 말로 쓰기

$$\boxed{4} \boxed{-} \boxed{1} \boxed{=} \boxed{3}$$

④ 익히기(위와 같은 과정으로 허리춤과 수 맵)

- $\boxed{5} \boxed{-} \boxed{4} \boxed{=} \boxed{}$
- $\boxed{6} \boxed{-} \boxed{4} \boxed{=} \boxed{}$
- $\boxed{7} \boxed{-} \boxed{5} \boxed{=} \boxed{}$

03 🗨 **공 던지기 놀이**(종이를 뭉쳐서 만든 종이공도 좋음)

① 덧셈

① 작은 비치볼 혹은 종이공을 준비한다.

② 한 사람이 "4 와 5를 모으기." 하면서 공을 옆 사람(혹은 다른 사람)에게 준다.

③ 공을 받은 사람은 "9와 같습니다" 소리 낸다.

④ 위의 상황을 수 맵으로 그린다.

⑤ 위의 상황을 덧셈으로 쓴다.

⑥ 수를 바꿔 가면서 놀이한다.

　(※ 10과 20을 모으기, 25와 30을 모으기, 15와 10을 모으기 등 큰 수의 덧셈을 배울 때도 사용한다. 놀이를 하면서 수 맵과 덧셈 수학나라 말을 익히는 데 역점을 둔다.)

② 뺄셈

① 공을 건네면서 말하는 놀이다.

② 한 사람이 "9에서 6을 가르기" 하면서 공을 건넨다.

③ 공을 받은 사람은 "3이 남습니다" 소리 낸다.

④ 위의 상황을 수 맵으로 그린다.

⑤ 위의 상황을 뺄셈으로 쓴다.

⑥ 수를 바꿔 가면서 놀이한다.

　(※ 25에서 20을 가르기, 30에서 10을 가르기, 50에서 40을 가르기 등 큰 수의 뺄셈을 배울 때도 사용하면서 수 맵과 뺄셈 수학나라 말이 학습자에게 쉽게 느껴지도록 한다.)

01 20 + 30

1) 의미 : 20과 30을 모으기 하면 합은 얼마인가?

2) 색카드

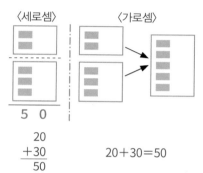

$$20 + 30 = 50$$

3) 수 맵

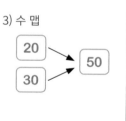

4) 몸짓 덧셈

• 팔춤 2번과 팔춤 3번 추기(팔 춤은 두 팔을 접어서 옆구리에 치는 모습이다)

5) 익히기(위의 1)~4) 순서대로 하기)
  ① 30 + 40 ② 20 + 70 ③ 40 + 40

02 50 − 20

1) 의미 : 50에서 20을 가르기 하면 차는 얼마인가?

2) 색카드

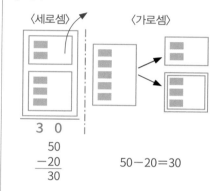

$$50 - 20 = 30$$

3) 수 맵

4) 몸짓 뺄셈

• 팔춤 5번을 춘 후 팔춤 2번은 손바닥이 밖으로 향하면서 나가는 모습

5) 익히기(위의 1)~4) 순서대로 하기)
  ① 70 − 40 ② 60 − 20 ③ 90 − 50

★ 핵심 정리

※ 덧셈과 뺄셈의 관계

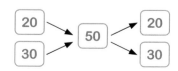

$$20 + 30 = 50$$
$$30 + 20 = 50$$
$$50 - 20 = 30$$
$$50 - \square = 20$$

 둘째 나라

덧셈과 뺄셈
4. 두 자릿수의 덧셈과 뺄셈(받아올림, 받아내림이 없음)

03 32+44

1) 의미 : 32와 44를 모으기 하면 합은 얼마인가?

2) 색카드

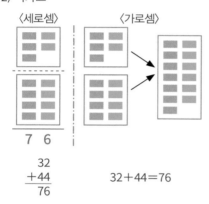

〈세로셈〉　〈가로셈〉

7　6

32
+44
76

32+44=76

3) 수 맵

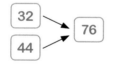

4) 몸짓 덧셈

	32	44
팔춤	3	4
허리춤	2	4

5) 익히기(위의 1)~4) 순서대로 하기)

① 53+26　② 15+43　③ 66+33

04 76−32

1) 의미 : 76에서 32를 가르기 하면 차는 얼마인가?
(76에서 32를 빼면 남는 것은?)

2) 색카드

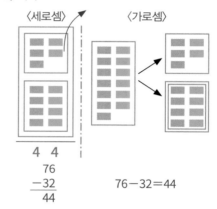

〈세로셈〉　〈가로셈〉

4　4

76
−32
44

76−32=44

3) 수 맵

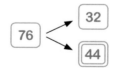

4) 몸짓 뺄셈

• 팔춤 7번에서 손바닥이 밖을 향하여 3번 나간다.
허리춤 6번에서 손바닥이 밖을 향하여 2번 나간다.

5) 익히기(위의 1)~4) 순서대로 하기)

① 66−24　② 83−51　③ 96−42

★ 핵심 정리

※ 덧셈과 뺄셈의 관계

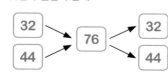

32+44=76
44+□=76
76−32=44
76−□=32

01 8+5

① 의미

8과 5의 합은 얼마인가?

② 색카드

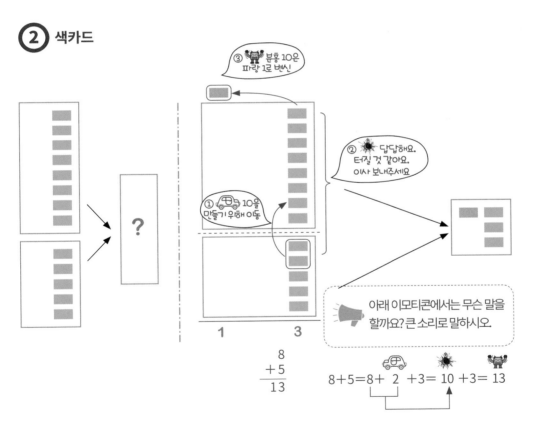

③ 분홍 10은 파랑 1로 변신

② 답답해요. 터질 것 같아요. 이사 보내주세요

① 10을 만들기 위해 이동

아래 이모티콘에서는 무슨 말을 할까요? 큰 소리로 말하시오.

$$\begin{array}{r} 8 \\ +5 \\ \hline 13 \end{array}$$

8+5=8+ 2 +3= 10 +3= 13

 연극놀이(8+5)

① 우리 집의 8과 너희 집의 5를 모으기 하자.

② 우리 집이 8이니 너희 집의 2가 자동차에 타고 오렴.

③ 8과 2가 만나서 10이 되어 파랑으로 변신하고, 너희 집의 남은 분홍 3을 더하니 새집에서 13이 되는구나.

02 5+8

① 색카드

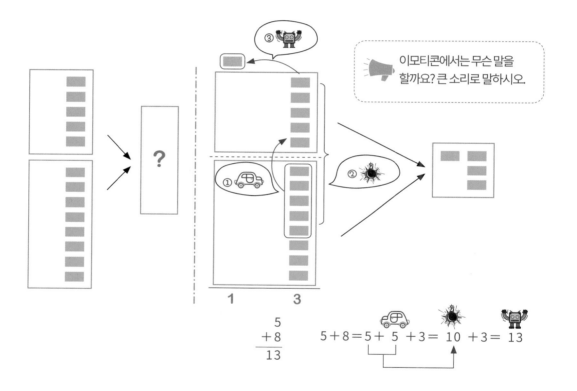

이모티콘에서는 무슨 말을 할까요? 큰 소리로 말하시오.

$$\begin{array}{r} 5 \\ +8 \\ \hline 13 \end{array}$$

$5+8 = 5 + 5 + 3 = 10 + 3 = 13$

 놀이 연극놀이(5+8)

① 우리 집의 5와 너희 집의 8을 모으기 하자.

② 우리 집이 5이니 너희 집의 5가 자동차에 타고 오렴.

③ 5와 5가 만나서 10이 되어 파랑으로 변신하고, 너희 집의 남은 분홍 3을 더하니 새집에서 13이 되는구나.

03 13－8

① 의미

13에서 8을 가르기 하면 차는 얼마인가? (13에서 8을 빼면 얼마가 남을까?)

② 색카드

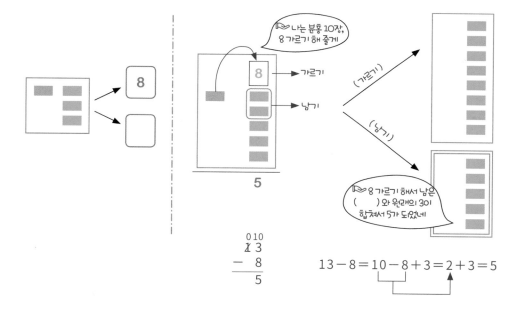

$$13-8=10-8+3=2+3=5$$

놀이 **연극놀이(13－8)**

① 우리 집에 13이 있어. 난 분홍이 3밖에 없는데 분홍 8이 나가려고 해.

② 염려하지 마! 파랑 1이 있잖아. 파랑 1은 분홍 10과 같으므로 도와줄 수 있어.

③ 분홍 10(파랑 1)에서 분홍 8을 가르기 하고 분홍 2가 남았어.

④ 가르기 하고 남은 분홍 2와 원래의 분홍 3을 합쳐 이제 우리 집엔 분홍 5가 남았구나.

 13 − 5

① **색카드**

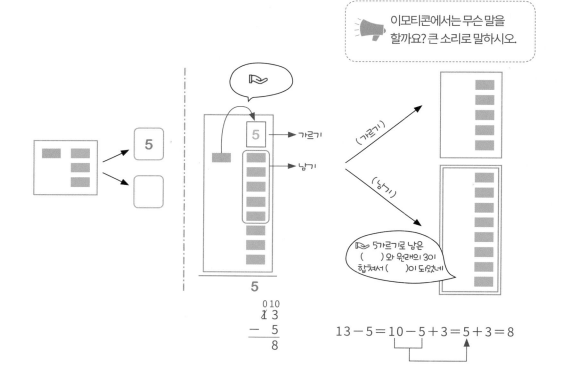

> 이모티콘에서는 무슨 말을 할까요? 큰 소리로 말하시오.

> 5가르기로 남은 (   )와 원래의 3이 합쳐서 (   )이 되었네

$$13-5=10-5+3=5+3=8$$

 놀이 **연극놀이(13−5)**

① 우리 집에 13이 있어. 분홍이 3밖에 없는데 분홍 5가 나가려고 해.

② 염려하지 마! 파랑 1은 분홍 10이야. 도와주러 간다.

③ 분홍 10에서 분홍 5를 가르기 하고 분홍 5가 남았어.

④ 가르기 하고 남은 분홍 5와 원래의 분홍 3을 합쳐 이제 우리 집엔 분홍 8이 남았구나.

 15+7

① **의미**

15와 7을 모으기 하면 합은 얼마인가?

② **색카드**

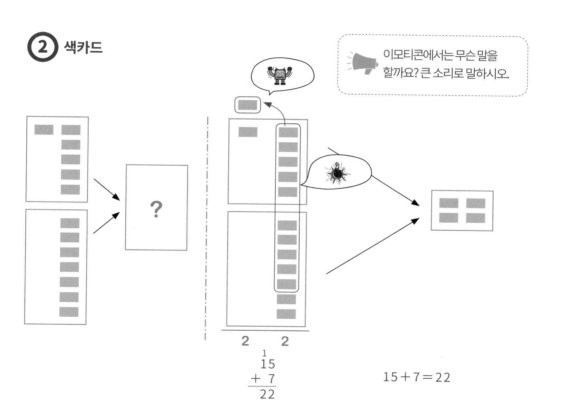

이모티콘에서는 무슨 말을 할까요? 큰 소리로 말하시오.

$$
\begin{array}{r}
\overset{1}{1}5 \\
+\ 7 \\
\hline
22
\end{array}
$$

$15+7=22$

 놀이 **연극놀이(15+7)**

① 모으기네! 너희 집의 분홍 5가 차로 부웅! 우리 집의 분홍 5와 합쳐서 '10' 완성

② '10'이 되니 "이사 보내 줘요" 아우성이야! 파랑 집으로 보내 주자. 이제 파랑은 2.

③ 너희 집의 남은 분홍 2와 파랑 2가 새집에서 만나서 22가 되는구나.

02 22−7

① 의미

22에서 7을 가르기 하면 차는 얼마인가? (22에서 7을 빼면 얼마가 남는가?)

② 색카드

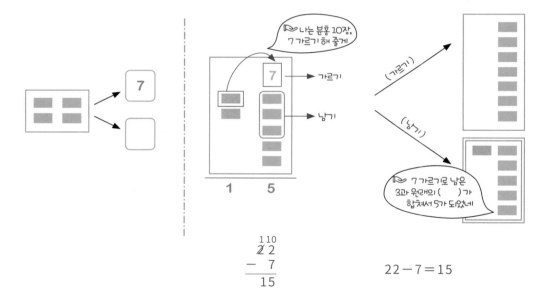

$$22 - 7 = 15$$

놀이 연극놀이(22−7)

① 우리 집에 22가 있어. 분홍이 2밖에 없는데 분홍 7이 나가려고 해.

② 염려하지 마! 파랑 1이 도와줄 수 있어. 난 분홍 10이잖아.

③ 분홍 10에서 분홍 7을 가르기 하고, 분홍 3이 남았어.

④ 가르기 하고 남은 분홍 3과 원래의 12를 합쳐 이제 우리 집엔 15가 남았구나.

Q 03 24+18

① 색카드

이모티콘에서는 무슨 말을 할까요? 큰 소리로 말하시오.

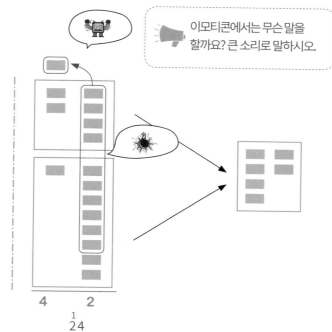

4   2

$$\begin{array}{r} \overset{1}{2}4 \\ +18 \\ \hline 42 \end{array}$$

수 맵

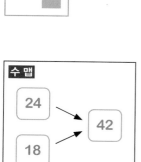

 **놀이** 연극놀이(24+18)

① 24와 18을 모으기 하네. 먼저 분홍이 10이 되어서 내는 소리를 흉내를 내어 볼게. ("   ")

② 분홍 10이 갈 곳은 파랑 집이야.

③ 이사를 보낼 때는 왼쪽과 오른쪽 중에서 당연히 왼쪽으로 보내야지.

④ 24와 18을 모으기 하니 42가 되었다.

04 45-18

① 색카드

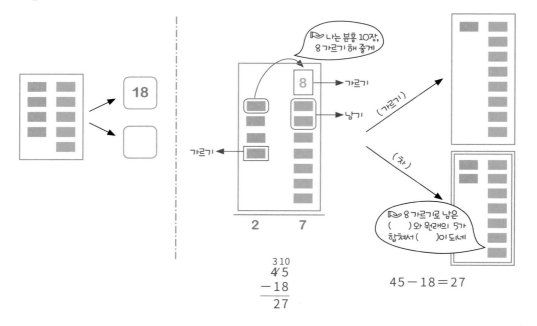

$$45-18=27$$

$$\begin{array}{r} {\scriptstyle 3\ 10} \\ 4\!\!\!/5 \\ -\ 18 \\ \hline 27 \end{array}$$

연극놀이(45-18)

① 우리 집에 45가 있는데 18이 나가려고 해.

② 분홍부터 보내고 싶은데 분홍이 5밖에 없어서 분홍 8을 보낼 수가 없어.

③ 염려하지 마! 파랑 1은 분홍 10이므로 도와주러 간다.

④ 분홍 10에서 분홍 8을 가르기(보내기) 하고 분홍 2가 남았어.

⑤ 가르기 하고 남은 분홍 2와 원래의 5를 합쳐 이제 우리 집엔 분홍은 7이 남네.

⑥ 파랑 4 중에서 파랑 1이 분홍에게 가서 파랑 3이 남는데, 파랑 1을 또 보내므로 파랑 2가 남네. 이제 우리 집에는 파랑 2, 분홍 7, 즉 27이 남았구나.

05 73+64

① 의미

73과 64를 모으기 하면 합은 얼마인가?

② 색카드

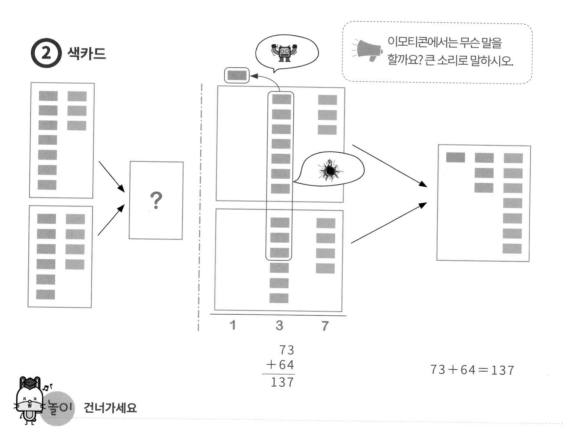

이모티콘에서는 무슨 말을 할까요? 큰 소리로 말하시오.

$$\begin{array}{r} 73 \\ +64 \\ \hline 137 \end{array}$$

$73+64=137$

놀이 건너가세요

〈방법 : 두 편으로 나눠 1m 간격으로 마주 보며 서기. 쪽지에 답을 쓰고 건너가기〉

① 73+64에서 자동차 이모티콘이 생각나는 곳은 분홍 카드이다. (맞다고 생각되면 건너가세요.)

② 73+64의 파랑 카드에서 10장은 무슨 소리를 낼까?

③ 파랑 카드 10장은 무슨 색의 카드로 변할까?

④ 73+64를 수 맵으로 그릴 수 있는 사람은 건너가세요.

⑤ 37+82를 수 맵으로 그릴 수 있는 사람은 건너가세요.

65

6. 두 자릿수의 덧셈과 뺄셈(받아올림, 받아내림이 있음)

 **137 − 64**

① 의미

137에서 64를 가르기 하면 차는 얼마인가? (137에서 64를 빼면 얼마가 남는가?)

② 색카드

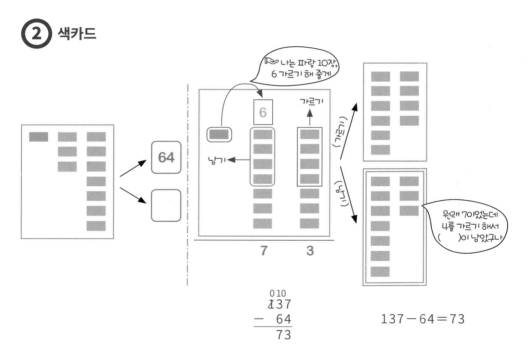

$$
\begin{array}{r}
{\scriptstyle 0\ 10} \\
\not{1}37 \\
-\ \ 64 \\
\hline
73
\end{array}
$$

$137 - 64 = 73$

 놀이　건너가세요

〈방법 : 답을 할 수 있는 사람은 건너가세요.〉

① 137에서 64를 가르기 할 때 어떤 색카드가 이모티콘을 들고 나올까?

② 도움의 손을 들고 온 이모티콘은 무슨 색카드 몇 장으로 바뀔까?

③ 파랑 카드 10장으로 무엇을 가르기를 해 줄까?

④ 파랑 카드 10장으로 가르기를 해 주고 남은 것은 몇 장일까?

⑤ 137에서 64를 가르기 한 것을 수 맵으로 그리세요.

덧셈과 뺄셈
7. 여러 가지 방법의 덧셈과 뺄셈

01 덧셈의 여러 가지 방법

① 일반적인 설명 방법 : 29 + 13

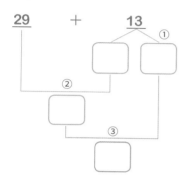

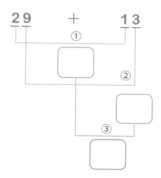

위의 그림들은 아이들이 이해하는 데 많은 어려움을 준다.

② 색카드 방법 1 : 29 + 13

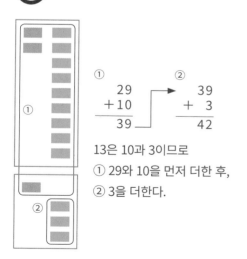

① 29
  + 10
  ──
   39

② 39
  + 3
  ──
   42

13은 10과 3이므로
① 29와 10을 먼저 더한 후,
② 3을 더한다.

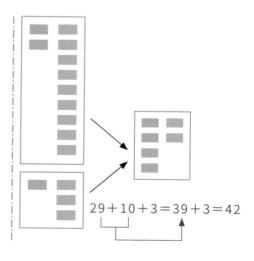

$29 + 10 + 3 = 39 + 3 = 42$

※ 색카드를 놓고 하면 금방 눈에 들어와서 이해가 잘 되고 보드게임하는 것처럼 쉽고 재미있다고 아이들은 말한다.

③ 색카드 방법 2 : 29+13

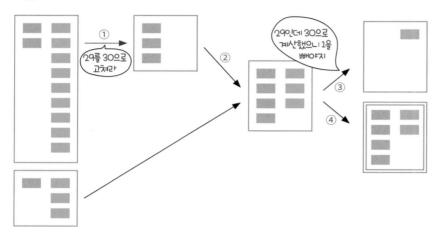

$$\begin{array}{r} 30 \\ +13 \\ \hline 43 \end{array}$$ → $$\begin{array}{r} 43 \\ -\ 1 \\ \hline 42 \end{array}$$ 29+13=30+13-1=43-1=42

29에 13을 더하지 않고 29에 1을 더한 30에 13을 더하면 43이 된다.

43에서 1을 빼서 42가 된다.

계산을 쉽게 하는 방법이 된다.

 놀이 **건너가세요**

〈방법 : 해결한 사람은 건너가세요.〉

① 58+24는 60과 24를 모으기 하고 (   )를 뺀다.

② 29+23은 (   )과 23을 모으기 하고 1을 뺀다.

③ 39+32는 39와 30을 모으기 하고 그 다음에 (   )를 더한다.

④ 55+37은 55와 40을 모으기 하고 (   )을 뺀다.

⑤ 48+34는 50과 34를 모으기 하고 (   )를 뺀다.

⑥ 38+23은 38과 20을 모으기 하고 그 다음에 (   )을 더한다.

⑦ 57+24는 60과 24를 모으기 하고 (   )을 뺀다.

덧셈과 뺄셈
7. 여러 가지 방법의 덧셈과 뺄셈

---

02 뺄셈의 여러 가지 방법

① 일반적인 설명 방법 : 45−28

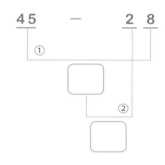

위의 그림들은 아이들이 이해하는 데 많은 어려움을 준다.

② 색카드 방법 1 : 45−28

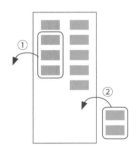

$$
\begin{array}{r} 45 \\ -30 \\ \hline 15 \end{array}
\longrightarrow
\begin{array}{r} 15 \\ +\ 2 \\ \hline 17 \end{array}
$$

$$45-28=45-30+2=15+2=17$$

① 45에서 30을 뺀다(2를 더 빼는 결과이다).
② 남은 15에 2를 더한다.

③ 색카드 방법 2 : 45−28

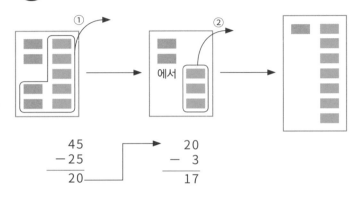

$$45-28=45-25-3=20-3=17$$

① 45에서 28을 빼야 하는데 25를 빼서 20이 된다.

② 20에서 3을 더 뺀다.

 놀이 건너가세요

〈방법 : 해결한 사람은 건너가세요.〉

① 85−49는 85에서 (　)을 빼고 1을 더한다.

② 47−18은 47에서 (　)을 빼고 2를 더한다.

③ 56−27은 56에서 26을 뺀 후 또 (　)을 뺀다.

④ 57−39는 57에서 40을 빼고 (　)을 더한다.

⑤ 86−48은 86에서 46을 뺀 후 또 (　)를 뺀다.

⑥ 75−37은 75에서 35를 뺀 후 또 (　)를 뺀다.

⑦ 66−17은 66에서 16을 뺀 후 또 (　)을 뺀다.

덧셈과 뺄셈
8. 세 수의 덧셈과 뺄셈

 31−19+49의 계산 방법

① **순서대로 풀기(일반적인 방법)**

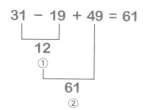

| 31에서 19를 가르기 하면 차는 12이다. |
| 12와 49를 모으기 하면 합은 (   )이다. |

② **접시 그림으로 생각하면**

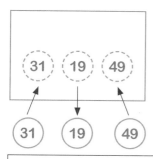

● 모든 모으기는 화살표가 접시를 향하고
모든 가르기는 화살표가 접시에서 밖으로 향한다.

화살표를 보면 ㉛과 ㊾는 모으기이고 ⑲는 가르기이다. 그러므로 ㊾에서 ⑲를
먼저 빼도 된다. ㊾에서 ⑲를 먼저 뺀 후에 ㉛을 더하는 것이 계산하기 편하다.

$$49 - 19 + 31 = 61$$
　　30
　　①
　　　　61
　　　　②

③ **익히기(위의 ①번과 ②번 방법대로 다 하기)**

① 31−18+48　　　　② 55−29+49　　　　③ 67−38+48　　　　④ 47−29+49

02 38+45−18의 계산 방법

① 순서대로 풀기(일반적인 방법)

$$38 + 45 - 18 = 65$$

83
①

65
②

> 38과 45를 모으기 하면 (　　)이 된다.
> 83에서 18을 가르기 하면 (　　)가 된다.

② 접시 그림으로 생각하면

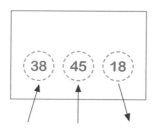

> 38과 45를 모으기 한 합에서 18을 가르기 한 것이
> 나, 38에서 18을 먼저 가르기 한 후 45를 모으기
> 한 것이나 두 가지 방법의 합은 같다.
> 그러므로 38에서 18을 먼저 가르기 하고 45를 모
> 으는 방법이 계산하기 편하다.

38에서 18을 먼저 뺀 후 45를 더한다.

$$38 - 18 + 45 = 65$$

20
①

65
②

③ 익히기(위의 ①번과 ②번 방법대로 다 하기)

① 57+38−47　　　② 25+49−15　　　③ 64+28−44　　　④ 74+25−34

둘째 나라

덧셈과 뺄셈
9. 세 자릿수의 덧셈과 뺄셈

 **01** 153＋425

① 의미

153과 425를 모으기 하면 합은 얼마인가?

② 색카드

( ) 속에 색카드를 그려 넣으시오.

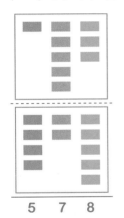

5 7 8

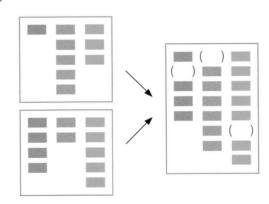

$$\begin{array}{r}153\\+425\\\hline 8\\70\\500\\\hline 578\end{array} \implies \begin{array}{r}153\\+425\\\hline 578\end{array}$$

$$153＋425＝578$$

 놀이 건너가세요

〈방법 : 해결한 사람은 건너가세요.〉

① 234＋355의 수 맵을 그릴 수 있는 사람은 건너가세요.

② 153＋425의 수 맵을 그릴 수 있는 사람은 건너가세요.

③ 덧셈으로 뺄셈을 만들 수 있습니다. 맞으면 건너가세요.

③ 몸짓 덧셈

	153	425	합
어깨춤	1번	4번	( )번
팔춤	5번	2번	( )번
허리춤	3번	5번	( )번

④ 소리 덧셈 (251+326)

	자릿수	소리	251	326
개구리	백의 자리	개굴	개굴, 개굴	개굴, 개굴, 개굴
올챙이	십의 자리	쉬!	쉬!, 쉬!, 쉬!, 쉬!, 쉬!	쉬! 쉬!
알	일의 자리	알	알	알, 알, 알, 알, 알

⑤ 익히기 (위의 ①~④번까지 순서대로 하기)

① 237＋312   ② 525＋134   ③ 372＋417   ④ 623＋355

⑥ 아래 수학나라 말을 보며 <, >, ＝ 를 넣으시오. (직접 계산하지 말고, 머릿속으로 생각해서 풀기)

① 299＋3 ☐ 300   ② 350＋449 ☐ 800

③ 550＋252 ☐ 802   ④ 252＋352 ☐ 500＋99

⑤ 500＋5 ☐ 469＋30   ⑥ 753 ☐ 700＋50＋3

둘째 나라 | 덧셈과 뺄셈
9. 세 자릿수의 덧셈과 뺄셈

---

02 578−153

① 의미

578에서 153을 가르기 하면 차는 얼마인가? (578에서 153을 빼면 얼마가 남는가?)

② 색카드

→ 153

→ [ ]

( ) 속에 색카드를 그리거나 알맞은 수를 써 넣으시오.

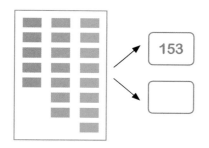

① 우리 153은 나가자

② 578에서 153이 나가니 425가 남네

4 2 5

$$\begin{array}{r} 578 \\ -153 \\ \hline 5 \\ 20 \\ 400 \\ \hline 425 \end{array} \Rightarrow \begin{array}{r} 578 \\ -153 \\ \hline 425 \end{array}$$

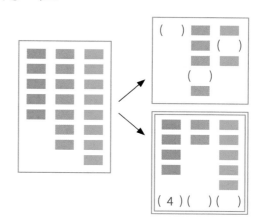

(4)( )( )

$$578 - 153 = 425$$

75

③ 수 맵

④ 몸짓 뺄셈

578 춤에서	‥‥‥▶	어깨춤 1번 밖으로(손바닥이 밖을 향함)
	‥‥‥▶	팔춤 5번 밖으로(손바닥이 밖을 향함)
	‥‥‥▶	허리춤 3번 밖으로(손바닥이 밖을 향함)

⑤ 익히기 (위의 ①~④번까지의 순서대로 하기)

① 359−235   ② 462−211   ③ 789−245   ④ 692−481

⑥ 아래 수학나라 말을 보며 <, >, = 를 넣으시오. (머릿속으로 생각해서 풀기)

① 272−151 ☐ 120   ② 469−315 ☐ 155

③ 789−425 ☐ 576−212   ④ 786−425 ☐ 469−108

★ 핵심 정리

※ 덧셈과 뺄셈의 관계

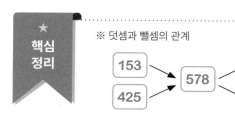

425+153=578

☐+425=578

578−153=425

578−☐=153

 **431+283**

① 의미

431과 283을 모으기 하면 합은 얼마인가?

② 색카드

(   ) 속에 색카드를 그리거나
알맞은 수를 써 넣으시오.

이모티콘에서는 무슨
말을 할까요?
큰 소리로 말하시오.

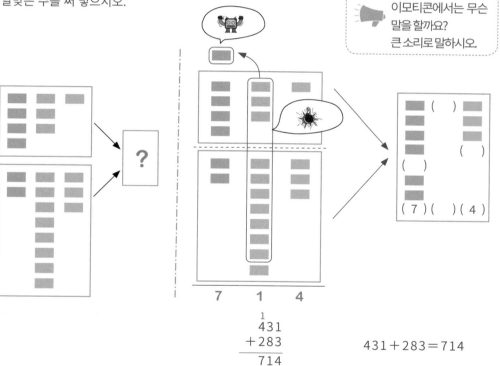

$$
\begin{array}{r}
\overset{1}{4}31 \\
+283 \\
\hline
714
\end{array}
$$

$431+283=714$

 놀이 건너가세요

① 375와 362의 모으기 세로셈을 한 사람은 건너가세요. (쪽지에 쓴 후 건너가기)

② 375와 362의 모으기 수 맵을 그릴 수 있는 사람은 건너가세요.

③ 435와 293의 모으기 세로셈과 수 맵을 한 사람은 건너가세요.

04 736－384

① 의미

736에서 384를 가르기 하면 차는 얼마인가? (736에서 384를 빼면 얼마가 남는가?)

② 색카드

(   ) 속에 색카드를 그리거나
알맞은 수를 써 넣으시오.

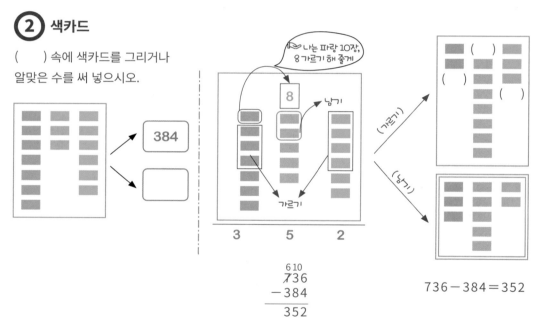

$736 - 384 = 352$

③ 수 맵

736에서 (   )를 가르기 하면 차는 352가 되며,
352와 (   )를 모으기 하면 736이 되겠구나!

④ 익히기 (색카드를 놓고, 수 맵을 그리면서 하기)

① 545－262   ② 677－385   ③ 429－175   ④ 835－483

덧셈과 뺄셈
9. 세 자릿수의 덧셈과 뺄셈

05 1003 - 718

① 의미

1003에서 718을 가르기 하면 차는 얼마인가? (1003에서 718을 빼면 얼마가 남는가?)

② 색카드

( ) 속에 색카드를 그리거나
알맞은 수를 써 넣으시오.

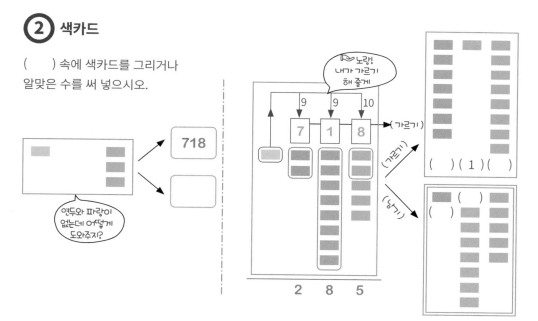

③ 수 맵

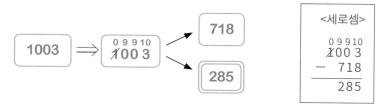

$1003 \Rightarrow \overset{0\,9\,9\,10}{\cancel{1}003}$ → 718
285

```
<세로셈>

   0 9 9 10
   1 0 0 3
 −   7 1 8
 ─────────
     2 8 5
```

④ 익히기 (색카드로 놓아 보고, 수 맵을 그리면서 하기)

① 1125 - 697   ② 1001 - 386   ③ 1007 - 539   ④ 1005 - 329

곱셈과 나눗셈 나라입니다.
물건들을 리본 모양으로 예쁘게 묶었어요.
아주 질서 있게 보여요.

셋째 나라　곱셈과 나눗셈

곱셈과 나눗셈
1. 곱셈의 개념

01 곱셈

① 묶어 봐요

쑥쑥이와 토실이가 온 곳은 곱셈방입니다. "곱셈이 뭘까?" 둘은 고개를 갸우뚱했어요.

문지기 : 얘들아, 잘 왔다. 여기 네모 접시에 있는 분홍 카드가 몇 장인지 빨리 세어 봐.

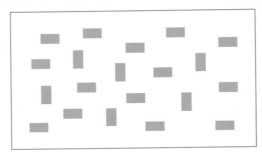

쑥쑥이 : 좋아요. 1, 2, 3, 4, 5, 6, 7, 8… 어? 이건 세었는지, 안 세었는지 잘 모르겠다. 다시 세자.
1, 2, 3, 4… 아니, 계속 헷갈리네. 또 다시 세어야겠네. 휴! 몇 번 만에 제대로 세었네. 20
장입니다. 그런데 토실아, 넌 뭐 하고 있니?

토실이 : 난 지금 어떻게 세면 좋을지 생각하고 있어.
알았다. 분홍 카드를 5장씩 질서 있게 먼저 놓자. 흩어지지 않게 묶음 표시도 하자.

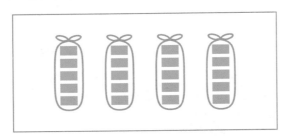

5 + 5 + 5 + 5 = 20

20장입니다.

문지기 : 와! 토실이는 한 번 만에 20장인 걸 알았네!

쑥쑥이 : 토실아, 넌 어떤 방법으로 그렇게 빨리 셀 수 있었니?

토실이 : 난 똑같은 개수로 질서 있게 놓았어. 흩어지지 않게 리본으로 묶기까지 했단다.

② 팔이 아파요

문지기 : 이번에는 이 접시에 있는 분홍 카드를 세어 보렴.

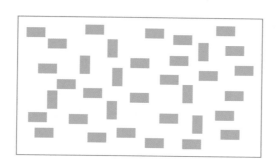

쑥쑥이 : 나도 토실이처럼 5장씩 질서 있게 놓아 보겠어.

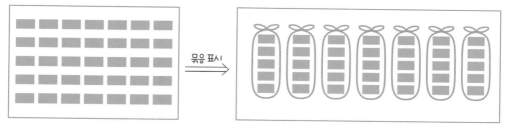

> 5 + 5 + 5 + 5 + 5 + 5 + 5 = 35, 35장입니다.
> 그런데 5를 여러 번 썼더니 팔이 많이 아파요.

토실이 : 나도 팔이 아프네.

문지기 : 얘들아, 여긴 수학나라잖아. 너희들 팔 아픈 걸 간단하게 해결해 줄게.

> 같은 개수를 묶어서 셀 때는 묶음(🍅)을 표시하는 모양을 본떠서 '×'로 표현한다.
> '×'을 읽을 때는 '곱하기'로 읽는다.
>
> 즉, 5 + 5 + 5 + 5 = 20 → (⑤)이 4개(5개 묶음이 4) 있다. → 5 × 4 = 20
> 5 + 5 + 5 + 5 + 5 + 5 + 5 = 35 → (⑤)이 7개 있다. → 5 × 7 = 35

아이들 : 고마워요. '×'가 있어 이제 팔이 안 아프겠어요.

> 연습해 보자. 5 + 5 + 5 + 5 + 5 + 5 + 5 + 5 + 5 = 45, (⑤)이 9개이므로
> → 5 × 9 = 45

문지기 : 아주 잘했다.

토실이 : 참 놀라워요. 곱셈은 20이라는 수를 5×4의 모습으로 변화시키네요.

1. 곱셈의 개념

02 재미있는 문제방 : ( ) 속은 여러분이 직접 하세요

분홍 카드 질서	묶기	덧셈	곱셈
③×5 15의 질서 모습	( )	3+( )+3+3+3=15	3×5=15 곱 : 15
④×4 16의 질서 모습	( )	4+4+( )+4=16	4×4=16 곱 : 16
⑧×3 24의 질서 모습	( )	( )+8+8=24	8×3=24 곱 : 24
⑦×4 28의 질서 모습	( )	7+7+7+( )=28	7×4=28 곱 : 28

● 같은 수를 묶는 ◯(묶음 접시)가 곱셈의 시작입니다.
위와 유사한 활동을 많이 하여서 곱셈의 개념을 완전히 익힌 다음 구구단을 외우도록 합니다.

 0×5

① 의미

'0', 즉 텅빈 묶음 접시가 5개 있어요. 곱은 얼마일까?

② 그림

묶음 접시 안에 알맞은 말을 넣으시오.

> **5개 묶음이 있는데 그 묶음 속에 아무것도 없으므로 0×5의 곱은 항상 '0'이다.**

 3×0

① 의미

3개를 묶은 것이 있는데 그것이 '0'개, 즉 '없다'는 뜻이므로 곱은 0이다.

② 그림

(3) 이 0개, 즉 '없다'는 뜻이므로 0이다.

> **어떤 수×0의 곱은 항상 '0'이다.**

  20×3

① 의미

20장씩 묶음의 3배의 곱은 얼마인가? (20장씩 묶음이 3개 있다. 곱은 얼마인가?)

② 색카드

① 곱셈은 같은 수를 묶는 것입니다.

② 곱셈은 같은 수를 묶어서 모은 것입니다.

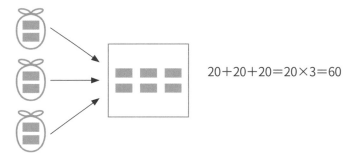

$$20+20+20=20×3=60$$

③ 수 맵

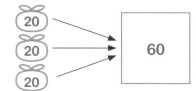

 놀이 나는 여러분을 사랑합니다

〈방법 : 나는 (   )을 하는 사람을 사랑합니다. (   ) 을 수행할 수 있는 사람은 자리 이동을 무작위로 한다.〉

① 나는 20×3의 몸짓춤을 출 수 있는 사람을 사랑합니다.

② 나는 30×4의 색카드를 놓을 수 있는 사람을 사랑합니다.

③ 나는 30×3의 색카드를 놓고, 몸짓춤을 출 수 있는 사람을 사랑합니다.

 놀이 건너가세요

〈방법 : 두 편으로 나눠 1m 간격으로 마주 선 후 쪽지에 쓰고 건너가기〉

① 30×2의 색카드를 놓고, 수 맵으로 그릴 수 있는 사람은 건너가세요.

② 30×5의 색카드를 놓고, 수 맵으로 그릴 수 있는 사람은 건너가세요.

③ 40×2의 색카드를 놓고, 수 맵으로 그릴 수 있는 사람은 건너가세요.

④ 20×4의 색카드를 놓고, 수 맵으로 그릴 수 있는 사람은 건너가세요.

⑤ 20×2의 색카드를 놓고, 수 맵으로 그릴 수 있는 사람은 건너가세요.

⑥ 40×3의 색카드를 놓고, 수 맵으로 그릴 수 있는 사람은 건너가세요.

⑦ 50×3의 색카드를 놓고, 수 맵으로 그릴 수 있는 사람은 건너가세요.

> 놀이는 모두가 즐겁게 참여하는 것이 목적이다. 이끔이는 놀이를 통한 피드백을 하면서 모두가 참여하면서 즐길 수 있는 놀이 시간이 되게끔 노력한다.

 **★ 핵심 정리**

※ '개'와 '배'의 비교

4+4+4일 때 4가 3개 있다고 말한다.

4+4+4는 4×3으로 표현하며 같은 수가 3개이므로 4의 3배라고 표현한다.

같은 수일 때 덧셈에서는 ～가 몇 개, 곱셈에서는 ～의 몇 배로 사용하고 있다.

곱셈과 나눗셈
2. 2위수×1위수

 02 12×4

① 의미

12장씩 묶음의 4배의 곱은 얼마인가? (12장씩 묶음이 4개 있다. 곱은 얼마인가?)

② 색카드

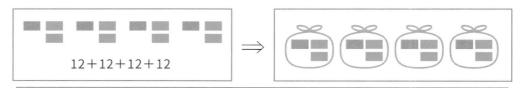

12＋12＋12＋12 ⇒

12×4 : 한 개의 접시에 있는 어떤 수를 12장씩 묶음이 4개 있는 모습으로 질서 있게 묶음

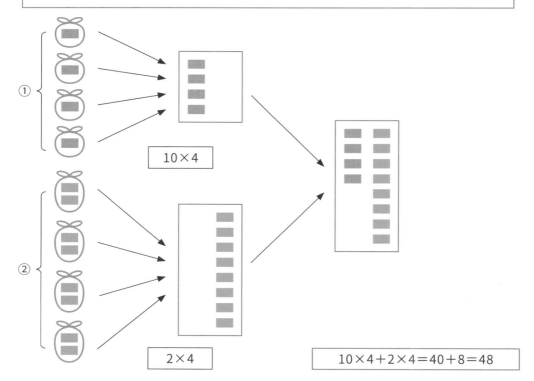

① 10×4

② 2×4

10×4＋2×4＝40＋8＝48

2. 2위수×1위수

③ 수 맵

주머니 안에 알맞은 수를 넣기

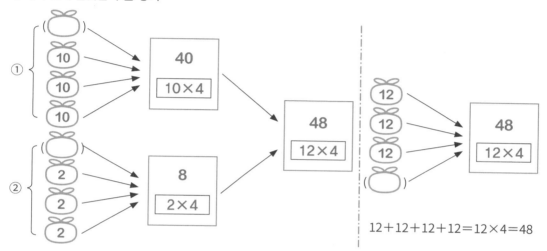

$12+12+12+12=12×4=48$

④ 몸짓 곱셈

①	12(팔춤 1, 허리춤 2)를 4번	
②	12	10(팔춤 1)을 4번
		2(허리춤 2)를 4번

⑤ 수학나라 말

가로셈 : 12×4=48

세로셈 :
```
     12
   ×  4
      8  → ( ② 가 4개, 수 맵 ②)
     40  → ( ⑩ 이 4개, 수 맵 ①)
     48  → (위의 것의 합)
```

$\Longrightarrow$
```
   12
 ×  4
   48
```

 놀이 **건너가세요**

21×4를 수 맵으로 그린 사람은 건너가세요. (예 13×3, 14×2)

셋째 나라

곱셈과 나눗셈
2. 2위수×1위수

03 33×4

① 의미

33장씩 묶음이 4개 있다. 곱은 얼마인가? (33장씩 묶음의 4배의 곱은 얼마인가?)
(33+33+33+33)

② 색카드

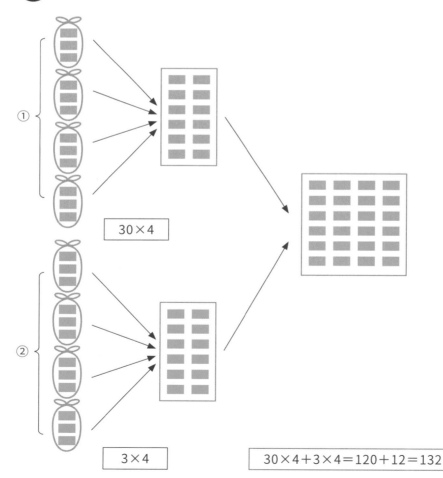

① 30×4

② 3×4

30×4+3×4=120+12=132

③ 수 맵

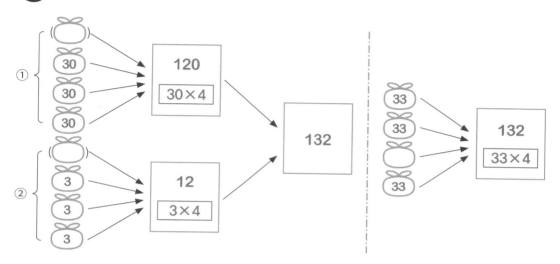

④ 몸짓 곱셈

①	33(팔춤 3, 허리춤 3)을 4번	
②	33	30(팔춤 3)을 4번
		3(허리춤 3)을 4번

⑤ 수학나라 말

가로셈 : 33×4＝132

세로셈 :
$$
\begin{array}{r}
33 \\
\times\ 4 \\
\hline
12 \\
12 \\
\hline
132
\end{array}
$$

12 → (3)이 4개, 수 맵 ②
12 → (30)이 4개, 수 맵 ①
132 → (위의 것의 합)

⟹
$$
\begin{array}{r}
\overset{1}{} \\
33 \\
\times\ 4 \\
\hline
132
\end{array}
$$

 놀이 건너가세요

64×3을 수 맵으로 그린 사람은 건너가세요. (예 45×3, 53×4)

01 212×3

① 의미

212의 3배의 곱은 얼마인가? (212장씩 묶음이 3개 있다. 곱은 얼마일까?)

② 색카드

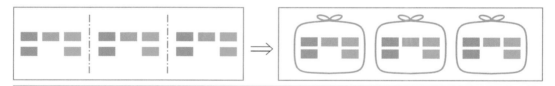

212×3 : 한 개의 접시에 있는 어떤 수를 212장씩 묶음이 3개 있는 모습으로 질서 있게 놓음

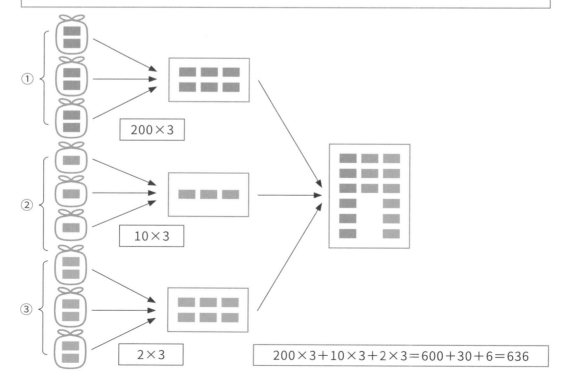

$$200\times3+10\times3+2\times3=600+30+6=636$$

③ 수 맵

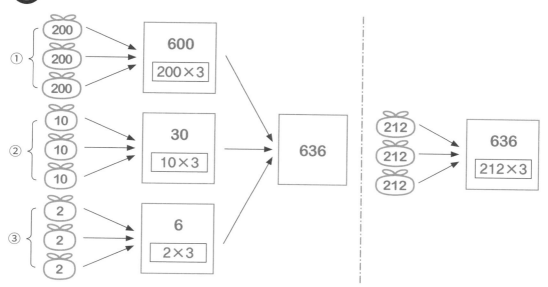

④ 몸짓 곱셈

①	212(어깨춤 2, 팔춤 1, 허리춤 2)를 3번
②	212 ← 200(어깨춤 2)을 3번 / 10(팔춤 1)을 3번 / 2(허리춤 2)를 3번

⑤ 수학나라 말

가로셈 : 212×3＝636

세로셈 :
```
    212
 ×    3
      6   → (2)가 3개, 수 맵 ③
     30   → (10)이 3개, 수 맵 ②
    600   → (200)이 3개, 수 맵 ①
    636   → (위의 것의 합)
```
⇒
```
    212
 ×    3
    636
```

 놀이 건너가세요

122×3을 수 맵으로 그린 사람은 건너가세요. (예 231×3, 201×4)

 **셋째 나라** 곱셈과 나눗셈
4. 어떤 수×10

01 ☐×10

① 의미

☐ 의 10배의 곱은 얼마인가? (☐ 장씩 묶음이 10개 있다. 곱은 얼마일까?)

② 색카드

1) 2×10

$2+2+2+2+2+2+2+2+2+2$
$2×9=18 → 2×(10)=20$

2) 3×10

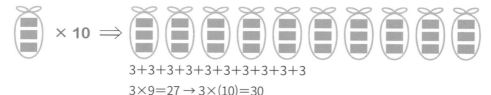

$3+3+3+3+3+3+3+3+3+3$
$3×9=27 → 3×(10)=30$

3) 5×10

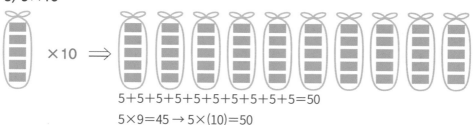

$5+5+5+5+5+5+5+5+5+5=50$
$5×9=45 → 5×(10)=50$

2의 10배 ⇒ $2×10=20$
3의 10배 ⇒ $3×10=30$
5의 10배 ⇒ $5×10=50$
10배가 될 때 그 수는 뒤에 '0'을 붙인다. 즉, 한 자리 올라간다.

 수 맵

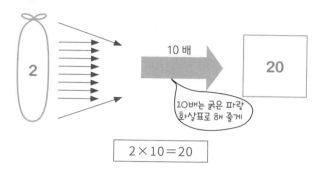

10 배

2

20

10배는 굵은 파랑 화살표로 해 줄게

$$2 \times 10 = 20$$

놀이 나는 여러분을 사랑합니다

〈방법 : 문제를 수행할 수 있는 사람은 자기 자리를 떠나 다른 자리로 무작위 이동을 한다.〉

① 나는 4×10의 수 맵을 그릴 수 있는 사람을 사랑합니다.

② 나는 9×10의 수 맵을 그릴 수 있는 사람을 사랑합니다.

③ 예시 : 6×10, 8×10, 7×10 등.

④ 나는 어떤 수×10은 어떻게 해결하는지 아는 사람을 사랑합니다.

놀이 건너가세요

〈방법 : 두 편으로 나눠 1m 간격으로 마주 선 후 문제를 해결한 사람은 다른 편으로 건너가기〉

① 3×10일 때는 '3'에 '0'을 하나 붙이면 10배가 된다고 생각합니다. 맞으면 건너가세요.

② 어떤 수의 '10'배는 어떤 수에 '0'을 하나 붙이면 된다고 생각합니다. 맞으면 건너가세요.

③ 5×10일 때는 5의 뒤에 '0'을 하나 붙이면 5가 한 자리 올라간다고 생각합니다. 맞으면 건너가세요.

★ **핵심 정리**

'1'이 10개 있으면 한 자리 올라가서 10이 되듯이 어떤 수의 10배, 즉 어떤 수가 10개 있으면 곱은 어떤 수에서 한 자리 올라간다. 한 자리 올라가는 것은 어떤 수의 뒤에 0을 1개 붙이는 것과 같다.

이러한 예를 6×9 → 6×10, 7×9 → 7×10, 8×9 → 8×10, 9×9 → 9×10 식으로 계속 활동하면서 완전히 이해할 수 있다.

01 30×40

① 의미

30의 40배의 곱은 얼마인가? (30장씩 묶음이 40개 있다. 곱은 얼마인가?)

② 색카드

$30 \times \underline{40} = 30 \times \underline{4} \times \underline{10}$

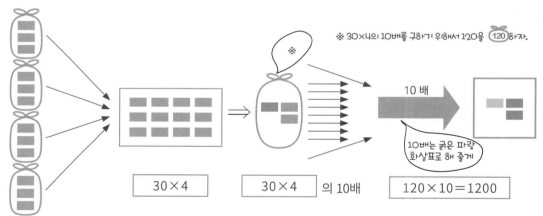

| 30×4 | | 30×4 의 10배 | | 120×10=1200 |

※ 30×4의 10배를 구하기 위해서 120을 (120) 하자.

10 배

10배는 굵은 파랑 화살표로 해 줄게

③ 수 맵

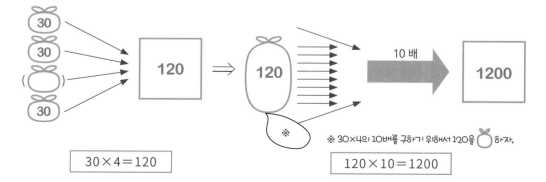

30×4=120

※ 30×4의 10배를 구하기 위해서 120을 하자.

120×10=1200

곱셈과 나눗셈
5. 자연수×2위수

④ 몸짓 곱셈

30을 4번(팔춤 3번을 4번) 해서 120을 만든 다음 10배 하면 한 자리 위로 올라가서 1200이 된다.

⑤ 수학나라 말

가로셈 : $30×\underline{40}=30×\underline{4×10}=120×10=1200$

세로셈 :
$$\begin{array}{r} 30 \\ \times 40 \\ \hline 0 \\ 1200 \\ \hline 1200 \end{array}$$

0 → (이 0개 이면 0, 30이 0개면 0)

1200 → (0이 40개면 0, 30이 40개면 1200)

1200 → (위의 것의 합)

$$\Rightarrow \begin{array}{r} 30 \\ \times 40 \\ \hline 1200 \end{array}$$

⑥ 간편 계산

$$\begin{aligned} 30×40 &= 3×10×4×10 \\ &= 3×4×10×10 \\ &= 12×100 \\ &= 12\underline{00} \end{aligned}$$

0이 2개 붙는 이유는 12를 100배 하기 때문이다.

 놀이 건너가세요

① 20×40을 수 맵으로 그릴 수 있는 사람은 건너가세요.

② 50×30을 수 맵으로 그릴 수 있는 사람은 건너가세요.

③ 60×30을 수 맵으로 그릴 수 있는 사람은 건너가세요.

> 놀이의 목적은 모두가 즐겁게 참여할 수 있게 하는 것이다. 이끔이는 피드백을 통하여 모두가 놀이에 참여해서 즐길 수 있도록 노력해야 한다.

 **32×13**

① 의미

32개씩 묶음이 13개, 즉 13배 있으면 곱은 얼마인가?
(32장씩 13개는 32장씩 10개와 32장씩 3개가 있는 것과 같다.)

② 색카드

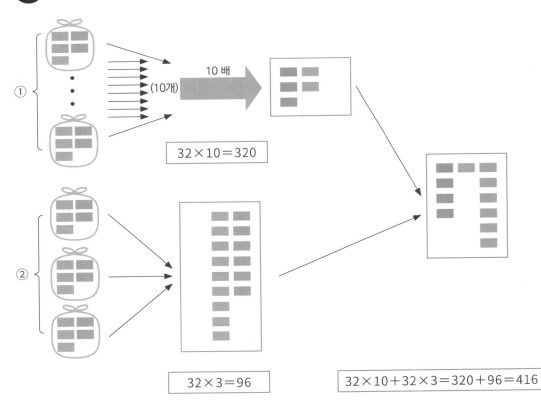

위의 그림은 32장씩 10개와 32장씩 3개의 그림이다.
위의 것을 모으기 한 것이 32장씩 13개인 것이다.

③ 수 맵

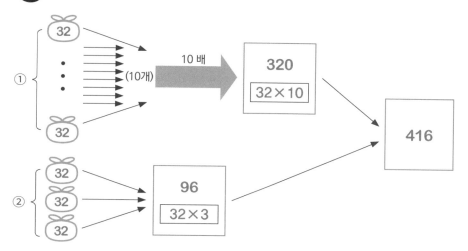

④ 몸짓 곱셈

32가 13번	10번	32의 몸짓춤을 춘 후 10배이므로 한 자리 올라간다.	320	416
	3번	32의 몸짓춤을 3번 춘다	96	

⑤ 수학나라 말

가로셈 : $32 \times 13 = 32 \times 10 + 32 \times 3 = 320 + 96 = 416$

세로셈 :
$$
\begin{array}{r}
32 \\
\times 13 \\
\hline
96 \\
320 \\
\hline
416
\end{array}
$$
→ (32의 3배, 수 맵 ②)
→ (32의 10배, 수 맵 ①)
→ (96과 320의 합 : 416)

♪ 놀이　건너가세요

　　25×12를 수 맵으로 그릴 수 있는 사람은 건너가세요. (예 37×13, 45×14)

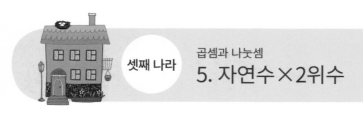
03 **2×14**

① **의미**

2의 14배의 곱은 얼마인가? (2장씩 묶음이 14개 있다. 곱은 얼마인가?)

② **색카드**

수학나라에서는 10개는 항상 변신하므로 14묶음 중에서 10묶음은 분리한다.

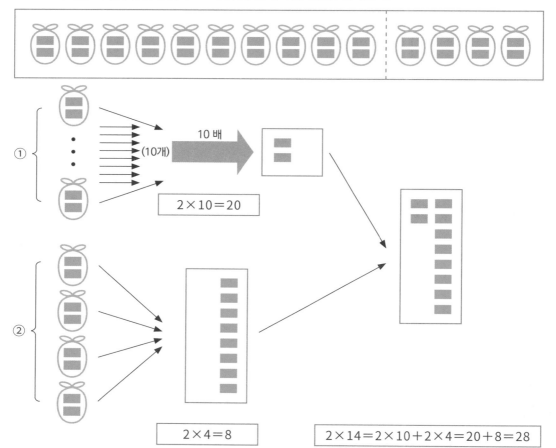

$2 \times 10 = 20$

$2 \times 4 = 8$

$2 \times 14 = 2 \times 10 + 2 \times 4 = 20 + 8 = 28$

③ 수 맵

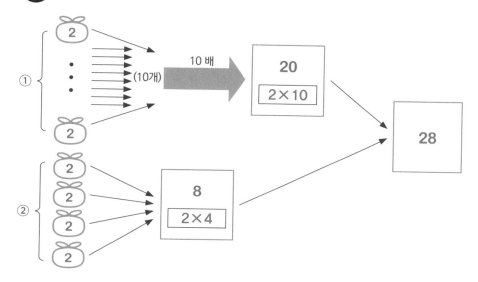

④ 몸짓 곱셈

2가 14번	2가 10번	허리춤을 2번 춘 후 팔춤 2번으로 올라간다.	20	28
	2가 4번	허리춤 2번을 4번 춘다.	8	

⑤ 수학나라 말

가로셈 : $2×14 = 2×10 + 2×4 = 20 + 8 = 28$

세로셈 :

$$
\begin{array}{r}
2 \\
\times 14 \\
\hline
8 \\
20 \\
\hline
28
\end{array}
$$

8 → (② 가 4개, 수 맵 ②)
20 → (② 가 10개, 수 맵 ①)
28 → (8과 20의 합 : 28)

$$
\Rightarrow
\begin{array}{r}
2 \\
\times 14 \\
\hline
28
\end{array}
$$

 놀이 건너가세요

4×15를 수 맵으로 그릴 수 있는 사람은 건너가세요. (예 7×12, 6×13)

 **300×20**

① 의미

300의 20배의 곱은 얼마인가? (300장씩 묶음이 20개 있다. 곱은 얼마인가?)

② 색카드

$300×20=300×\underline{2×10}=\underline{300×2}×10$

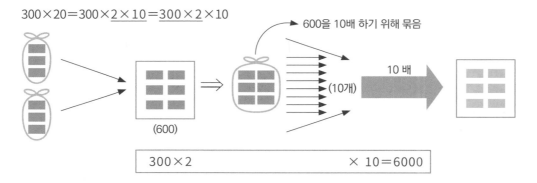

600을 10배 하기 위해 묶음

10 배

(10개)

| $300×2$ | $× 10=6000$ |

③ 수 맵

10배의 의미는 한 자리 올라가는 것을 말한다.

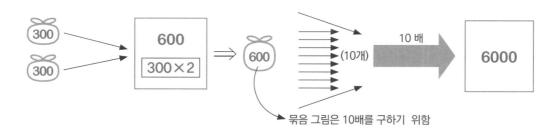

300

300

600

$300×2$

600

(10개)

10 배

6000

묶음 그림은 10배를 구하기 위함

④ 몸짓 곱셈

300을 2배(어깨춤 3번을 2번) 해서 600을 구한 다음, 10배를 하면 어깨에서 한 자리 올라가서 6000,
즉 머리춤 6번이 된다.

⑤ 수학나라 말

가로셈 : $300 \times \underline{20} = 300 \times \underline{2 \times 10} = \underline{300 \times 2} \times 10 = 600 \times 10 = 6000$

⑥ 간편 계산

$$
\begin{aligned}
300 \times 20 &= 3 \times 100 \times 2 \times 10 \\
&= 3 \times 2 \times 100 \times 10 \\
&= 6 \times 1000 \\
&= 6000
\end{aligned}
$$

⑦ 10배, 100배, 1000배의 수 비교(몸짓춤으로 표현하기)

수	10배	100배	1000배
1	10	100	1000
7	70	700	7000

 놀이 건너가세요

① 200×40은 200×4×10과 같다. 수 맵으로 그리고, 건너가세요.

② 500×30을 수 맵으로 그리고, 건너가세요.

③ 600×30을 간편 계산으로 하고 건너가세요.

④ 400×40을 간편 계산으로 하고 건너가세요.

232×23

① 의미

232의 23배의 곱은 얼마인가? (232장씩 묶음이 23개 있다. 곱은 얼마인가?)
232장이 20개 있고, 또 232장이 3개 있다.
$(232×\underline{20}+232×3=232×\underline{2×10}+232×3)$

② 색카드

$232×\underline{20}=232×\underline{2×10}$

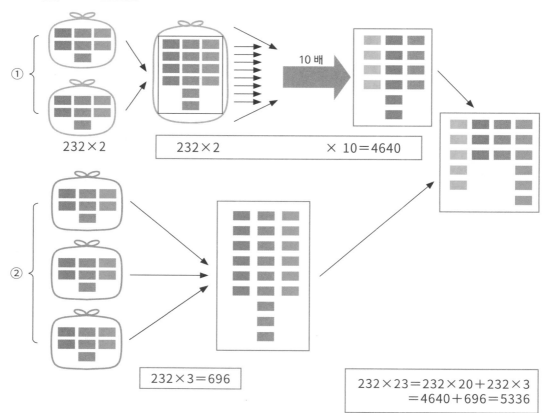

232×2

| 232×2 | × 10＝4640 |

232×3＝696

$232×23＝232×20+232×3$
$＝4640+696＝5336$

③ 수 맵

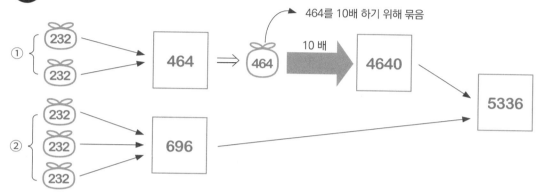

④ 수학나라 말

가로셈 :
$$232 \times 23 = 232 \times \underline{20} + 232 \times 3$$
$$= 232 \times \underline{2 \times 10} + 232 \times 3$$
$$= 4640 + 696$$
$$= 5336$$

세로셈 :
$$
\begin{array}{r}
232 \\
\times \quad 23 \\
\hline
696 \\
4640 \\
\hline
5336
\end{array}
$$
696 →(232) 의 3배, 수 맵 ②)
4640 →(232) 의 20배, 수 맵 ①)
5336 →(위의 것의 합)

 놀이 건너가세요

① 325×43=325×40+325×3=325×4×10+325×3

    위의 내용을 두고 수 맵으로 그릴 수 있는 사람은 건너가세요.

② 319×23의 수 맵을 그릴 수 있는 사람은 건너가세요.

③ 325×35의 수 맵을 그릴 수 있는 사람은 건너가세요.

6. 나눗셈의 개념

01 나눗셈

친구 2사람이 생겼어요. 우리 4사람이 도착한 곳은 나눗셈방입니다.

① 1사람에게 4장씩 주겠다

문지기 : 나에게 분홍 카드 12장이 있다. 1사람에게 4장씩 주려고 마음먹었다. 몇 사람에게 줄 수 있니?

아이들 : 분홍 카드로 우리들이 직접 해 보자.

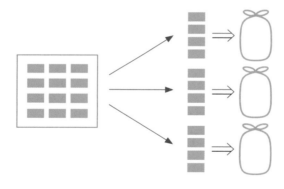

12에서 4를 3번 뺄 수 있구나. 3사람에게 줄 수 있어요.
12 − 4 − 4 − 4 = 0, 같은 수 4로 3번 계속 빼니 0이 되었어요.

토실이 : 그런데 4를 계속 쓰니 팔이 아파요. 같은 수를 계속 빼는 뺄셈을 간편하게 하는 방법이 **수학 나라**에 있으면 알려 주세요.

문지기 : 잘 들어요.
　① 빼는 것이므로 빼기 기호 '−' 가 생각나네.
　② 똑같은 수를 빼므로 '−' 기호의 위, 아래에 같은 점을 찍어 주자.
　　'÷'(같은 수로 나누어 준다.)
　③ '÷' 이름은 '나누기'라고 한다.
　④ 12가 0이 될 때까지 4를 계속 빼는 것을 이렇게 나타낸다.
　　12÷4(12에서 4씩 나누어 준다.)

⑤ 3번을 뺏으므로 몫을 3이라고 한다. 12에서 4씩 3번 뺄 수 있구나.

12÷4 = 3 (읽기 : 12 나누기 4는 3과 같다.)

아이들 : 아하! 어떤 수에서 같은 수를 계속 뺄 때 우리는 나눗셈이라는 **수학나라 말**을 만들 수 있군요. 같은 수이니 나눗셈에서도 🍎(묶음 접시)가 필요하네요. 나눗셈은 🍎로 나누어 주는 것이다.

② 친구 모두가 똑같이 갖자

쑥쑥이 : 나눗셈이 미워요. 우린 4사람인데 문지기 아저씨는 분홍 카드를 3사람에게만 주셨어요. 우리 4사람이 똑같이 나눠서 가질 수 있는 방법은 없나요?

문지기 : 얘들아, 밉다고 하지 말고 12장의 분홍 카드로 너희 4사람이 똑같이 가질 수 있게 해 보렴.

아이들 : 그럼 친구 4사람에게 한 장씩 한 장씩 공평하게 나눠 보자.

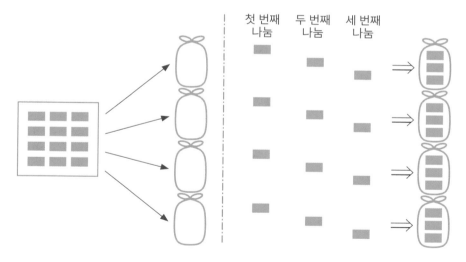

4사람에게 3장씩 공평하게 줄 수 있어요.

문지기 : 잘했다.

❶에서 4장씩 나누는 것은 12÷4 = 3(4장씩 나눠서 3사람이 받음)

❷에서 4사람에게 나누는 것은 12÷4 = 3(4사람에게 나눠서 3장씩 받음)

같은 나눗셈이지만 의미는 다르다.

나눗셈은 몇 사람(몇 묶음)에게 나누는가 묻기도 하고, 1사람에게 얼마를 나누어 주는지 묻기도 한다.

문지기 : 이제부터 곱셈과 나눗셈이 어떤 관계가 있는지 생각해 보자.

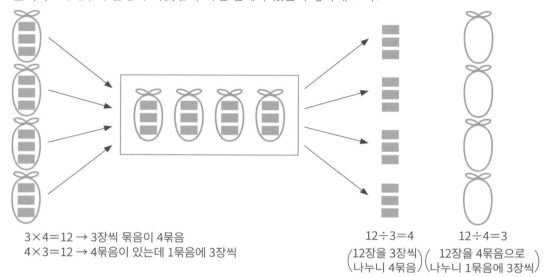

$3 \times 4 = 12 \rightarrow$ 3장씩 묶음이 4묶음
$4 \times 3 = 12 \rightarrow$ 4묶음이 있는데 1묶음에 3장씩

$12 \div 3 = 4$
$\left(\begin{array}{l}\text{12장을 3장씩}\\ \text{나누니 4묶음}\end{array}\right)$

$12 \div 4 = 3$
$\left(\begin{array}{l}\text{12장을 4묶음으로}\\ \text{나누니 1묶음에 3장씩}\end{array}\right)$

아이들 : 곱셈은 (속)을 묶은 것(겉)을 모두 모아서 전체를 구했고, 나눗셈은 전체를 두고 1묶음(속)
이 얼마인가? 혹은 몇 묶음(겉)인가를 알아보는 것입니다.

문지기 : 지금 바로 연습을 해 보자. 많이 연습해 보면 잘 알 수 있을 거야.

①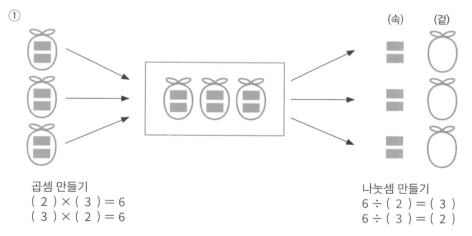

(속)   (겉)

곱셈 만들기
(2) × (3) = 6
(3) × (2) = 6

나눗셈 만들기
6 ÷ (2) = (3)
6 ÷ (3) = (2)

6을 2개씩 나누면 3묶음이 되고(겉),

6을 3묶음으로 나누면 1묶음엔 2개씩 준다(속).

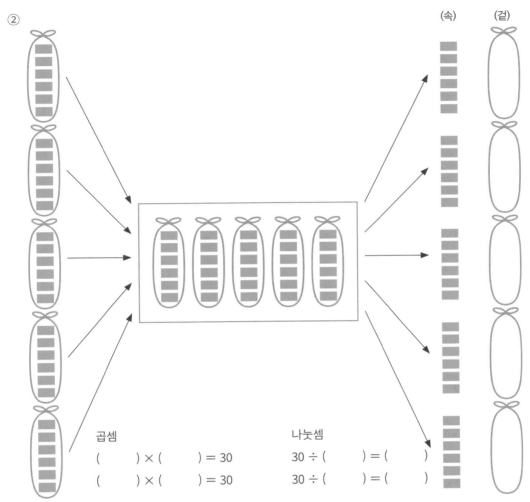

② (속) (겉)

곱셈

(   ) × (   ) = 30

(   ) × (   ) = 30

나눗셈

30 ÷ (   ) = (   )

30 ÷ (   ) = (   )

곱셈 $\begin{cases} \text{1묶음에 6개씩 5묶음 : } 6 \times 5 = 30 \\ \text{5묶음이 있는데 1묶음에 6개씩 : } 5 \times 6 = 30 \end{cases}$

나눗셈 $\begin{cases} \text{전체 30개를 6개씩 나누면 5묶음 : } 30 \div 6 = 5 \\ \text{전체 30개를 5묶음으로 나누면 1묶음에 6개씩 : } 30 \div 5 = 6 \end{cases}$

★
핵심
정리

곱셈은 부분에서 '전체'를 구하는 것이다.

나눗셈은 전체에서 '부분'을 구하는 것이다.

01 80÷4

① 의미

80을 4사람(겉)에게 똑같이 나누면 몇 장씩(속) 가질 수 있을까? (겉 부분이 있으니 속 부분 알기)

② 색카드

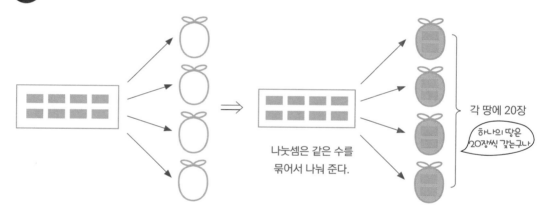

나눗셈은 같은 수를
묶어서 나눠 준다.

각 땅에 20장

하나의 땅은
20장씩 갖는구나

③ 수 맵

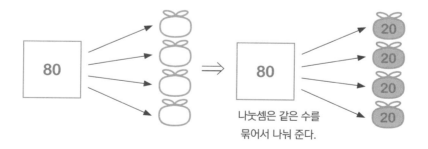

나눗셈은 같은 수를
묶어서 나눠 준다.

④ 몸짓 나눗셈

80(팔춤 8번)을 춘 후 팔춤 1번씩 4사람에게 준다(손바닥은 밖을 향함). 또 1번씩 4사람에게 준다.

 **수학나라 말**

80장을 4사람에게 나누면 1사람은 20장을 갖는다. 몫은 (   ) 사람이 갖는 양 (   )이다.
파랑 8장을 4사람에게 파랑 2장씩 나누며, 분홍은 나눠 줄 것이 없어 0이 되고, 몫은 20이다.

$$
\begin{array}{r}
2\ 0 \rightarrow (몫,\ 속) \\
(겉)\ 4\ \overline{)\ 8\ 0}\ \rightarrow 전체 \\
\underline{8}\ \rightarrow 4사람에게\ 준\ 양 \\
0
\end{array}
$$

 건너가세요

60÷3을 수 맵으로 그린 사람은 건너가세요. (예 40÷2, 90÷3)

02 **36÷3**

① **의미**

36을 3사람(겉)에게 나누면 1사람씩 갖는 몫(속)은 얼마일까? (겉 부분이 있으므로 속 부분 알기)

② **색카드**

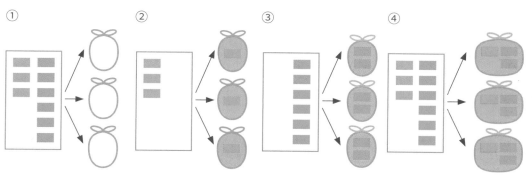

나눗셈은 같은 수를 묶어서 나눠 준다.

③ 수 맵

①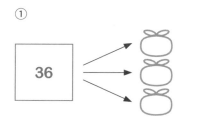

②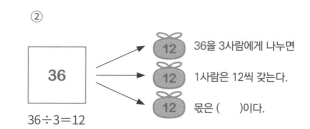

④ 몸짓 나눗셈

36(팔춤 3번, 허리춤 6번)을 춘 후 팔춤 1번씩 3사람에게, 허리춤 2번씩 3사람에게 준다.

⑤ 수학나라 말

<세로셈>

```
        1  2    → (몫, 속)
(겉) 3 ) 3  6    → 전체
        3       → 3사람에게 파랑 1장씩 준 양
       ―――
        6       → 전체에서 파랑을 주고 남은 양
        6       → 3사람에게 분홍 2장씩 준 양
       ―――
        0       → 나머지는 없음
```

 놀이 건너가세요

① 48÷4의 수 맵을 그린 사람은 건너가세요.

② '36÷3의 몫은 12다'는 3사람 중에서 1사람만 12를 갖는다는 뜻이다. 맞으면 건너가세요.

③ '36÷3의 몫은 12다'가 3사람 모두 각각 12씩 갖는다는 뜻이면 건너가세요.

④ 46÷2의 세로셈을 할 수 있는 사람은 건너가세요.

 52÷4

① 의미

52장을 4사람(겉)에게 나누면 1사람은 몇 장씩(속) 갖는가? (겉 부분이 있으니, 속 부분 알기)

② 색카드

① 52÷4

② 파랑 나누기(5÷4)

③ 남은 분홍 나누기(12÷4)

④ 52÷4의 몫은

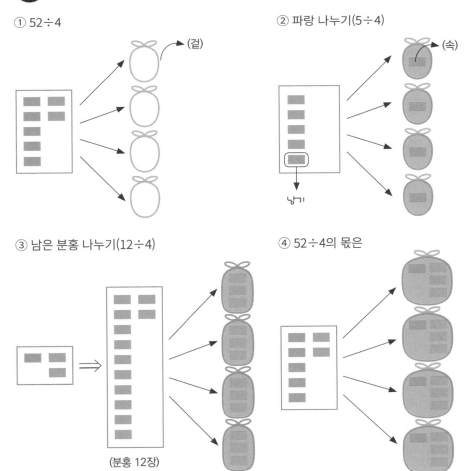

(분홍 12장)

나눗셈은 같은 수를 묶어서 나눠 준다.

셋째 나라   곱셈과 나눗셈
7. 2위수÷1위수

③ 수 맵

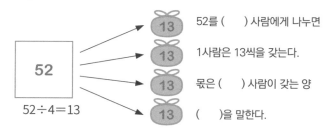

52를 (　　) 사람에게 나누면

1사람은 13씩을 갖는다.

몫은 (　　) 사람이 갖는 양

(　　)을 말한다.

52÷4＝13

④ 수학나라 말

<세로셈>

```
        1 3  → (몫, 속)
(겉) 4 ) 5 2  → 전체
         4    → 4사람에게 파랑 1장씩 준 양
       ─────
         1 2  → 전체에서 파랑을 주고 남은 양
         1 2  → 4사람에게 분홍 3장씩 준 양
       ─────
           0  → 나머지는 없음
```

① 파랑 5장을 4사람에게 1장씩 주기
② 남은 파랑 1, 분홍 2장을 합하여 분홍 12장을 4사람에게 3장씩 주기
③ 몫(속 부분)은 13이다.

 놀이 건너가세요

75÷3을 세로셈으로 계산하고, 수 맵으로 그린 사람은 건너가세요. (예 64÷4, 84÷3)

★ 핵심 정리

※ 곱셈과 나눗셈의 관계

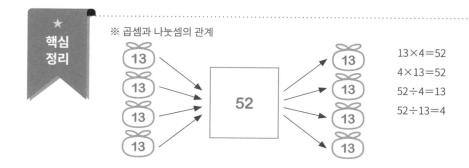

13×4＝52
4×13＝52
52÷4＝13
52÷13＝4

⑤ 교실 활동(훌라후프 사용하고 아이들이 수가 됨)

$52 \div 4 = 13$

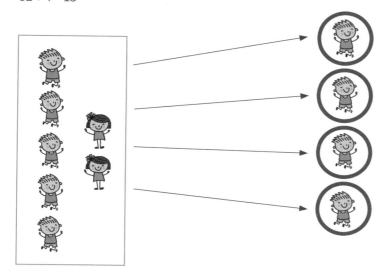

훌라후프를 4사람으로 생각합니다.

파랑 옷 입은 남자 1사람을 사과10개로 생각합니다.

분홍 옷 입은 여자 1사람을 사과 1개로 생각합니다.

52개의 사과가 있는데 4사람에게 나누려고 합니다.

교　사 : 52개의 사과를 4사람에게 나눕시다.

아이들 : 훌라후프 1개에 파랑 1장씩 들어갑니다.

교　사 : 남은 파랑 1장은 어떻게 할까요?

아이들 : 분홍 10장으로 바꿉니다.

교　사 : 분홍 12장이 되었습니다. 분홍 12장은 어떻게 할까요?

아이들 : 분홍 1장씩, 1장씩 훌라후프에 분홍이 없어질 때까지 들어갑니다.

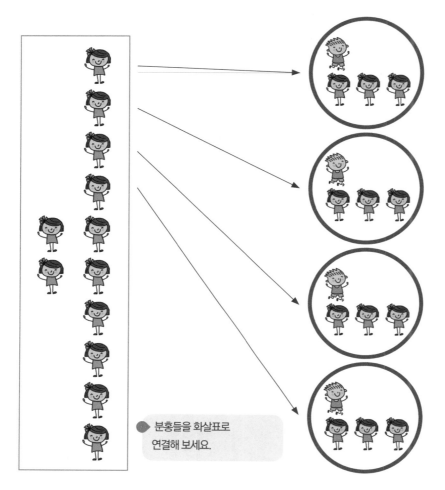

분홍들을 화살표로
연결해 보세요.

교　사 : 52÷4를 할 때 1사람은 사과를 몇 개씩 받습니까?

아이들 : 1사람이 13개씩 받습니다.

교　사 : 52÷4의 몫은 얼마입니까?

아이들 : 13입니다.

★
**핵심
정리**

※ 이 활동을 한 후 세로셈을 하면 아이들은 자신들의 활동을 머릿속에서 동영상으로 그리며 세로셈을 금방 해결하게 된다.
이 활동 후에 개인별로 색카드로 다시 활동해도 된다.

04 73÷3

① 의미

73장을 3사람(겉)에게 나누면 1사람이 몇 장씩(속) 가질 수 있나? (겉 부분이 있으니 속 부분 알기)

② 색카드

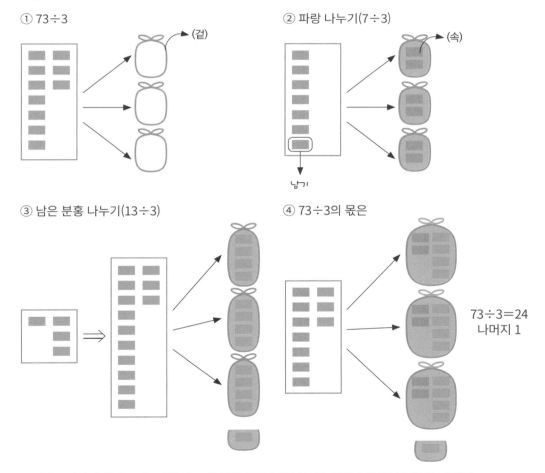

① 73÷3

(겉)

② 파랑 나누기(7÷3)

(속)

남기

③ 남은 분홍 나누기(13÷3)

④ 73÷3의 몫은

73÷3=24
나머지 1

73장을 3사람에게 나누면 1사람이 24장씩을 갖고 1이 남는다. 몫은 24이고 나머지는 1이다.

③ 수 맵

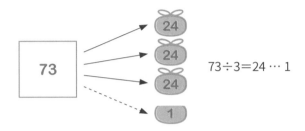

$$73 \div 3 = 24 \cdots 1$$

④ 수학나라 말

$73 \div 3 = 24 \cdots 1$

(검산) $24 \times 3 + 1 = 73$

```
        2  4 ··· 1   → (몫, 속)
(겉)  3 ) 7  3       → 전체
        6           → 3사람에게 파랑 2장씩 준 양
       ─────
        1  3        → 전체에서 파랑을 주고 남은 양
        1  2        → 3사람에게 분홍 4장씩 준 양
       ─────
           1        → 주고 남은 양
```

① 파랑 7장을 3사람에게 파랑 2장씩 주기
② 분홍 13장을 3사람에게 분홍 4장씩 주고 분홍 1장이 남는다.

 놀이 건너가세요

① 78 ÷ 4를 세로셈으로 계산하고, 수 맵을 그린 사람은 건너가세요.
② 67 ÷ 3을 세로셈으로 계산하고, 수 맵을 그린 사람은 건너가세요.
③ 85 ÷ 3을 세로셈으로 계산하고, 수 맵을 그린 사람은 건너가세요.
④ 93 ÷ 4를 세로셈으로 계산하고, 수 맵을 그린 사람은 건너가세요.

 셋째 나라

곱셈과 나눗셈

8. 자연수 ÷ 2위수

01 56 ÷ 14

① 의미

56장을 14사람에게 나누면 1사람은 몇 장씩을 가질까? (겉 부분이 있으니 속 부분 알기)

② 색카드

```
         4      → (몫, 속)
(겉)  14 ) 5 6
         5 6    → 14사람에게 분홍 4장씩 준 양
         ───
           0    → 주고 남은 양은 없음
```

① 파랑 카드 5장은 14사람에게 못 준다.
② 파랑 카드 5장을 분홍 카드 50장으로 바꿔 원래 있던 분홍 카드 6장과 합한 56장으로 14사람에게 분홍 카드 4장씩 준다.
③ 몫은 4이다.

③ 수 맵

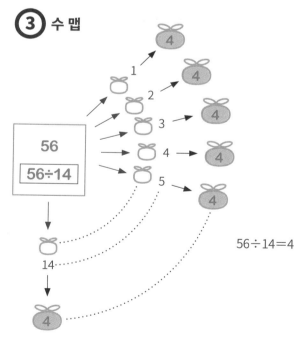

56 ÷ 14 = 4

④ 익히기

① 75 ÷ 15

② 68 ÷ 34

③ 51 ÷ 17

④ 64 ÷ 16

02 120÷20

① 의미

120장은 20장씩(속) 묶음을 몇 개(겉) 포함할까요? (속 부분이 있으니 겉 부분 알기)

② 색카드

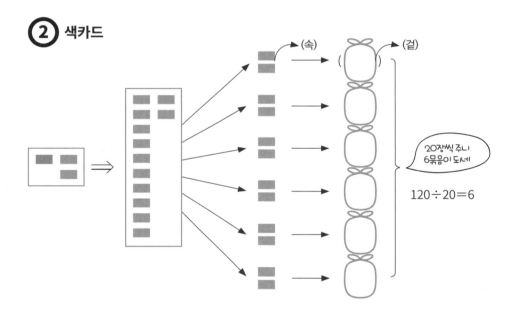

20장씩 주니
6묶음이 되네

$120÷20=6$

③ 수 맵

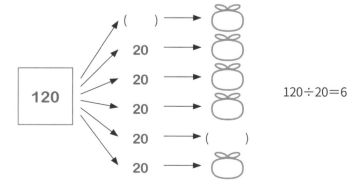

$120÷20=6$

④ 몸짓 나눗셈

120(어깨춤 1번, 팔춤 2번)을 춘 다음 팔춤 2번씩 6번 밖으로 보내기

⑤ 수학나라 말

<세로셈>

```
         6
20 ) 1 2 0
     1 2 0  → 20명에게 분홍 6장씩 준 것      다시 돌려
     ───────    (20장씩 6개를 포함한다.)      생각하기
         0
```

● 나눗셈을 세로셈으로 계산할 때는 등분제로 돌려서 생각하면 쉽게 계산할 수 있다.

① 연두 카드 1장으로 20명에게 못 나눠 준다.
② 파랑 카드 12장으로 20명에게 못 나눠 준다.
③ 분홍 카드 120장은 20명에게 분홍 6장씩 준다.

⑥ 익히기

① 120÷30   ② 140÷20   ③ 150÷50   ④ 180÷60

⇓   ⇓   ⇓   ⇓

30) 120   20)( )   ( )) 150   ( ))( )

★
핵심
정리

※ 곱셈과 나눗셈의 관계

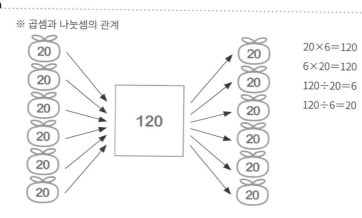

20×6=120
6×20=120
120÷20=6
120÷6=20

03 **647÷24**

① **색카드**

$$24\overline{)\rule{0pt}{12pt}} \Rightarrow 24\overline{)647}$$

$$\begin{array}{r} 2\ 6\ \cdots 23 \\ 24\overline{)6\ 4\ 7} \\ \underline{4\ 8} \\ 1\ 6\ 7 \\ \underline{1\ 4\ 4} \\ 2\ 3 \end{array}$$

① 연두 카드 6장으로 24사람에게 연두 카드로 못 준다.
② 파랑 카드 64장으로 24사람에게 파랑 카드 2장씩 준다.
③ 분홍 카드 167장으로 24사람에게 분홍 카드 6장씩 준다.
④ 몫은 26이고 나머지는 23이다.

04 **3425÷25**

① **색카드**

$$\begin{array}{r} 1\ 3\ 7 \\ 25\overline{)3\ 4\ 2\ 5} \longrightarrow ㉠ \\ \underline{2\ 5} \longrightarrow ㉡ \\ 9\ 2 \longrightarrow ㉢ \\ \underline{7\ 5} \longrightarrow ㉣ \\ 1\ 7\ 5 \longrightarrow ㉤ \\ \underline{1\ 7\ 5} \longrightarrow ㉥ \\ 0 \end{array}$$

㉠~㉥은 어떤 내용인지 말하시오.

① 노랑 카드 3장으로 25개의 접시에 똑같이 노랑 카드로 줄 수 있나? (없다)
② 노랑 카드를 연두 카드로 바꿔 연두 카드 34장으로 25개의 접시에 1장씩 준다.
③ 남은 연두 카드 9장과 파랑카드 2장을 파랑 92장으로 바꿔 25개의 접시에 3장씩 준다.
④ 남은 파랑 카드 17장과 분홍 카드 5장을 분홍 175장으로 바꿔 25개의 접시에 7장씩 준다.
⑤ 나머지는 없고 몫은 137이다.

9. 혼합 계산

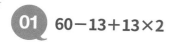

01 60－13＋13×2

① 수 맵

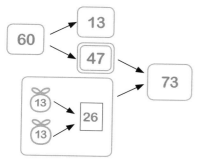

13×2는 곱셈으로 1개의 접시 안에 있는 수 26의 질서 있는 모습이 13×2인 것을 말한다.
13×2는 하나의 수 26과 같으므로 분리하지 않고 붙어 있어야 한다.

② 수학나라 말

60 － 13 ＋ 13 × 2 ＝ 73

47   26

73

놀이 건너가세요

① 35－10＋23×3에서 먼저 계산하는 것은 23×3이다. 맞으면 건너가세요.

② 23×3을 먼저 계산하는 이유를 말할 수 있는 사람은 건너가세요.

③ 35－10＋23×3의 수 맵을 그릴 수 있는 사람은 건너가세요.

④ 27＋15＋15×3의 수 맵을 그릴 수 있는 사람은 건너가세요.

⑤ 32＋17＋17×2의 수 맵을 그릴 수 있는 사람은 건너가세요.

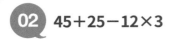

02 **45＋25－12×3**

① 수 맵

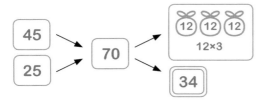

12×3은 곱셈으로 1개의 접시 안에 있는 수 36의 질서 있는 모습이다.
그러므로 12×3은 하나의 수이기에 붙어 있어야 하므로 먼저 계산한다.

② 수학나라 말

```
45 + 25 − 12 × 3 = 34
    └──┘     └──┘
     70       36
      └────────┘
         34
          └──────
```

③ 수 맵을 완성하시오

① 30＋25－24×2

② 38＋28－21×3

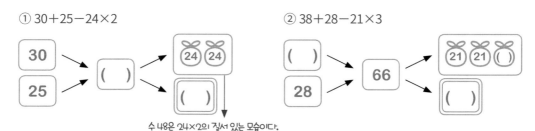

수 48은 24×2의 질서 있는 모습이다.

124

곱셈과 나눗셈

9. 혼합 계산

03 36÷3+3−5

① 수 맵

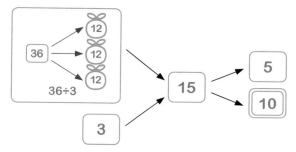

36÷3은 1개의 접시 안에서 이루어지는 계산이며 몫은 12이다.
그러므로 36÷3은 붙어 있어야 하므로 먼저 계산한다.

② 수학나라 말

$$36 ÷ 3 + 3 − 5 = 10$$

```
  12
      15
          10
```

놀이 건너가세요

① 45÷3+15−2에서 먼저 계산하는 것은 (   )이다. 아는 사람은 쪽지에 쓰고 건너가세요.

② 27÷3−1+5에서 먼저 계산하는 것은 27÷3이라고 생각하는 사람은 건너가세요.

③ 27÷3을 먼저 계산하는 이유를 아는 사람은 건너가세요.

④ 27÷3−1+5의 수 맵을 그릴 수 있는 사람은 건너가세요.

⑤ 38+28−21×2의 수 맵을 그릴 수 있는 사람은 건너가세요.

분수 나라에 도착했어요.
참 이상해요. 두 개의 숫자가 아래, 위로 적혀 있네요.
어떤 나라인지 궁금해요.

넷째 나라 분수

1. 분수의 개념

01 분수의 개념 찾기 여행

① 참외 반 개의 수학나라 말

분수 나라에 왔어요. 과일이 많이 보여요.

문지기 : 먹고 싶은 과일의 개수를 수 카드에 써서 보여 주렴.

아이들이 수 카드에 쓴 과일은 딸기 ⑤ 개, 자두 ⑦ 개, 방울토마토 ⑩ 개였고, 수 카드를 들 때마다 문지기가 과일을 갖다 주어서 맛있게 먹었어요. 배가 많이 불러서 참외는 반 개만 먹고 싶어요.

쑥쑥이 : 토실아, 참외 반 개는 수학나라 말로 어떻게 쓸까?

토실이 : 나도 잘 모르겠어. 수학나라를 많이 다녀 보았으니 우리 머리로 한 번 생각해 보자.
먼저 참외 1개를 반으로 나누면 2조각이 되고, 2조각 중에서 1조각 먹는 것이 바로 참외 반 개인데… (참외 반 개를 그림으로 그려 보세요.)

쑥쑥이 : 이러면 어때?
참외 1개를 나눈다. 즉, 하나의 수를 나눈다는 뜻으로 기호 ⊟는 어때?

토실이 : 쑥쑥아, 그것은 가르기(⊟) 기호잖아.

쑥쑥이 : 아니, 아니. 이건 1개를 가르는 것이니 특별하지.

토실이 : 그럼 어떻게 할 건데?

쑥쑥이 : 1개를 2조각내고, 그중에서 1조각을 먹는 것이 반 개이니 $\frac{1}{2}$로 표현하면 좋겠어.

토실이 : 쑥쑥아, 네가 참 좋은 생각을 했다. 우리 그 $\frac{1}{2}$ 수 카드를 한 번 들어 볼까?

아이들 : 문지기님, 참외 $\boxed{\frac{1}{2}}$ 개 주세요.

문지기 : 너희들, 분수는 어떻게 알았니? 대단한 친구들이구나. 수학나라를 여행하더니 이젠 안 가르쳐 줘도 잘 아는구나.

아이들 : 예? 분수라고요? 분수가 뭐예요?

문지기 : 얘들아, 방금 너희들이 쓴 $\frac{1}{2}$과 같은 수를 분수라고 한단. 1을 나누어서 1보다 작은 수를 나타내는 것을 분수라고 하는데, 읽을 때는 '이분의 일'이라고 읽는단. 그리고 가로선(−) 밑에 있는 수를 분모라 하고, 가로선(−) 위의 수를 분자라고 한단.

아이들 : 와! 우리들은 천재네요. 그러면 수박은 반의 반을 먹고 싶은데 어떻게 쓸까?

토실이 : 이번엔 내가 생각해 볼게. 수박 1통을 두고 반의 반을 나누면 4조각이 되고, 그중에서 1조각이니 $\frac{1}{4}$ 통이 되네. 읽을 때는 사분의 일.

문지기 : 아주 잘했다. 여기 수박 $\frac{1}{4}$ 통 받으렴. (수박 $\frac{1}{4}$ 을 그림으로 그려 보세요.)

쑥쑥이 : 메론이 참 맛있게 보인다. 1개를 다 먹기엔 배가 너무 부를 것 같아. 저 메론은 4조각을 만들어서 3조각을 먹자. 어떻게 써야 될까?

토실이 : 간단해. 메론 1개를 4조각으로 나누어서 3조각을 먹으니 $\frac{3}{4}$ 수 카드를 들자.

아이들 : 분수가 참 재미있구나!

② 문지기가 화났어요

문지기 : 이번에는 너희들이 나에게 맛있는 떡 $\frac{3}{5}$ 개를 주렴.

아이들 : 예. 떡 $\frac{3}{5}$ 개를 드릴게요.

쑥쑥이 : 먼저 떡 1덩이를 5조각을 내자. 그리고 3조각을 드리자. 여기 있어요.

문지기 : 얘들아, 난 지금 화가 났어.

아이들 : 떡 5조각 중에서 3조각을 드렸는데….

문지기 : 나눈 크기가 서로 다르잖아. **수학나라**에서 나눈다는 것은 항상 똑같은 크기로 나누어야 된다. 너희들, 나눗셈 나라에서도 똑같은 개수로 나누어서 묶었잖아. 분수도 나누는 조각의 크기가 똑같아야 된단다.

아이들 : 그렇군요. 다시 드릴게요.

문지기 : 분수에서 나눈 조각은 크기가 어떻다고? 크게 외쳐 보렴.

아이들 : 나눈 조각의 크기는 똑같아야 됩니다.

③ 복숭아 1상자에서 $\frac{4}{5}$를 가지래요

문지기 : 여기 복숭아 10개가 들어 있는 상자가 있다. 이 중에서 $\frac{4}{5}$를 너희들에게 줄게.

아이들 : 큰일났다. 복숭아 10개를 1개마다 모두 5조각씩 어떻게 자르지? 더구나 복숭아는 속에 큰 씨앗까지 들어 있는데….

문지기 : 왜 그렇게 걱정스런 눈빛이니?

아이들 : 복숭아 10개를 모두 5조각씩 나누는 게 너무 힘들 것 같아요.

문지기 : 하하하.

아이들 : 왜 웃으세요? 우리들은 걱정이 되는데.

문지기 : 하하하. 얘들아, 복숭아 10개를 5묶음으로 만들어 보렴.

아이들 : 똑같은 개수로 묶는 것 말이죠? 곱셈, 나눗셈에서 배운 묶음 리본 말이죠? 그것은 쉬워요. 야호! 다 만들었어요.

복숭아 10개를 5묶음으로 묶는 그림을 그리세요.

문지기 : 그 5묶음 중에서 4묶음을 가지렴. 그게 바로 $\frac{4}{5}$야.

아이들 : 예? 그렇군요. 복숭아 4묶음은 8개인데 10개 중에서 8개를 갖는 것도 $\frac{4}{5}$가 되는군요. 이상하다. 분수는 1개를 나누는 것인데, 복숭아 10개에서 8개를 갖는 것도 분수로 나타낼 수 있네?

문지기 : 얘들아, 복숭아 10개가 들어 있는 한 상자도 상자 하나, 즉 '1'이잖아. 계란 30개가 들어 있는 한 판도 '1'로 볼 수 있어. 사과 50개가 들어 있는 한 상자도 '1'이라고 할 수 있어.

쑥쑥이 : 와아! 우리는 1개보다 작은 것을 조각으로 나누어서 표현하는 수만 분수인 줄 알았는데….

토실이 : 복숭아 상자처럼 10개 들어 있는 것도 1상자로 생각해서 분수로 나타낼 수 있네요.

쑥쑥이 : 복숭아를 몇 개씩 리본으로 묶어서 전체 묶음 개수를 분모로 나타내고, 그중에서 갖고자 하는 몇 묶음을 분자로 표현하네요.

아이들 : 맞다, 맞아! 여러 개가 1상자에 들어 있을 때 1상자를 1로 생각해서 분수로 나타낼 수 있구나.

아이들 : 그럼 우리가 해결해 볼게요. 계란 한 판의 $\frac{1}{3}$은 계란 몇 개일까요?

분모가 3이니 먼저 계란 한 판을 3개의 묶음으로 만들면 1묶음엔 계란 10개가 들어간다.

그럼 계란 $\frac{1}{3}$ 판은 계란 10개입니다.

문지기 : 너희들의 지혜는 쑥쑥 자라고 토실토실 여물어 가는구나.

아이들 : 이번엔 사과 1상자의 $\frac{1}{2}$은 몇 개인지 해 볼게요. 사과 1상자엔 50개가 들어 있고, 1상자의

$\frac{1}{2}$이니 분모 2 즉, 2묶음으로 만들면 1묶음엔 사과 25개, 분자가 1이니 2묶음 중에 1묶음은

25개입니다.

문지기 : 너무 잘해서 더 이상 가르칠 게 없구나.

아이들 : 한 번만 더 하고 싶어요. 이 상자에 토마토가 24개 있는데 우리가 $\frac{2}{3}$를 가질게요.

토실이 : 쑥쑥아, 먼저 할 일은 뭘까?

쑥쑥이 : 먼저 할 일은 분모가 3이니 토마토를 같은 개수로 3묶음을 만드는 것이지.

토실이 : 그래, 3묶음으로 묶자. 토마토 24개를 3개의 묶음으로 만들자.

토마토 24개를 그리고 3묶음
으로 나누시오.

토실이 : 3묶음으로 묶으니 한 묶음엔 8개씩 들어가네. $\frac{2}{3}$이면 우리가 몇 묶음을 가져야 될까?

쑥쑥이 : 분자가 2이므로 2묶음이지. 그럼 우리가 토마토 16개를 갖는구나.

문지기 : 참 잘했어요! 정리하자. 여러 개를 묶음으로 묶어서 전체 묶음 개수를 분모로 보고 그중에
서 갖고자 하는 부분의 묶음 개수를 분자로 나타내는 **수학나라 말**은 뭘까? (분수)

아이들 : 우리 쑥쑥이와 토실이는 힘을 합쳐서 열심히 공부했더니 천재가 되었어요.

④ 문지기의 장난

문지기 : 너희들은 힘을 합쳐서 무엇이든지 잘하는구나.

　　　　이번에도 힘을 합쳐서 잘해 보렴.

　　　　나에게 떡을 $\frac{4}{4}$개를 주렴.

아이들 : 분모가 4니까 먼저 4조각을 만들자.

그리고 분자가 4이므로 4조각을 드리자.

　　　　그러면 $\frac{4}{4}$개는 떡 1개와 같잖아!

　　　　문지기님, 떡 1개를 달라고 하시지 왜 $\frac{4}{4}$개를 달라고 하셨어요?

문지기 : 너희들이 힘을 합쳐서 잘 자르니까 잘라 보라고 그랬지, 하하.

아이들 : 알았어요. 분모와 분자의 수가 같을 때는 '1'이 되는 것을 가르쳐 주셨군요?

쑥쑥이 : $\frac{2}{2}=1,\ \frac{3}{3}=1,\ \frac{6}{6}=1.$

토실이 : $\frac{7}{7}=1,\ \frac{8}{8}=1,\ \frac{9}{9}=1.$

아이들 : 우리는 분수에 대한 모든 걸 다 배운 것 같아요. 이제 다른 방으로 갈래요.

⑤ 색카드 분수

문지기 : 잠깐. 색카드 분수라는 것도 있으니 한번 살펴보렴.

　　　　분수의 분모와 분자의 수만큼 색카드로 나타내는 방법이란다. 빨강 색종이와 초록 색종이
　　　　를 사용해서 나타내면 된단다.

　　　　예를 들어,

$\frac{1}{2}$은

$\frac{2}{3}$는

아이들 : 알겠어요. 우리들이 해 볼게요.

$\frac{3}{4}$ 은 ▰▰▰
　　　　▰▰▰▰

$\frac{5}{7}$ 는 ▰▰▰▰▰
　　　　▰▰▰▰▰▰▰

자연수만 색카드로 표현했는데 분수도 색카드로 표현해 보니 재미있어요.

⑥ 가분수와 대분수

문지기 : 지금부터 분수대로 색카드 분수를 놓아 보렴.

아이들 : $\frac{1}{5}$ 의 색카드 분수는 ▰　　　　(1조각을 모은다)
　　　　　　　　　　　　▰▰▰▰▰ (5조각으로 나눈다)

$\frac{2}{5}$ 의 색카드 분수는 ▰▰　　　(2조각을 모은다)
　　　　　　　　　　▰▰▰▰▰ (5조각으로 나눈다)

$\frac{3}{5}$ 의 색카드 분수는 ▰▰▰　　(3조각을 모은다)
　　　　　　　　　　▰▰▰▰▰ (5조각으로 나눈다)

$\frac{4}{5}$ 의 색카드 분수는 ▰▰▰▰　(4조각을 모은다)
　　　　　　　　　　▰▰▰▰▰ (5조각으로 나눈다)

문지기 : 얘들아, 분수는 왜 아래, 위로 2개의 숫자를 쓰는지 이유를 알겠니?

아이들 : 알겠어요. 아래 분모는 전체를 몇 조각으로 나누는가를 말하고, 위의 분자는 나눈 것 중에서 몇 조각을 모으는가를 말합니다.

문지기 : 그러면 분수라는 수는 몇 가지 의미를 갖고 있니?

아이들 : 예, 나눈다는 의미의 분모와 모은다는 의미의 분자, 이 두 가지를 지니고 있어요.

문지기 : 아주 정확하게 알고 있네. 이번에는 $\frac{5}{5}$ 의 색카드를 놓아 보렴.

아이들 : $\frac{5}{5}$ 의 색카드 분수는 ▰▰▰▰▰ (5조각을 모은다)
　　　　　　　　　　▰▰▰▰▰ (5조각으로 나눈다)

$\frac{5}{5}$ 를 색카드 분수로 표현하니 분모와 분자가 똑같이 되었어요.

문지기 : 이렇게 분모와 분자의 수가 똑같을 때 어떻게 되니?

아이들 : 자연수 '1'과 같아요.

문지기 : 이번에는 $\frac{6}{5}$ 의 색카드 분수를 표현해 보렴.

아이들 : ■■■■■ 분모보다 분자가 더 큽니다.

문지기 : $\frac{5}{5}$, $\frac{6}{5}$ 처럼 분자가 분모와 같거나 분자가 분모보다 더 큰 상태일 때 가분수라고 한다.

아이들 : 가분수, 참 재미있는 이름이네요. 가짜 분수라는 뜻입니까?

문지기 : 아니다. 가분수의 뜻은 가짜가 아니고, 임시 분수라는 뜻이다. 임시로 분수를 만들었다는 뜻이지.

아이들 : $\frac{6}{5}$ 중에서 $\frac{5}{5}$ 는 자연수 1로 고칠 수 있어요. 그리고 $\frac{1}{5}$ 이 남네요.

문지기 : 그래, $\frac{5}{5}$ 는 1과 같고, $\frac{1}{5}$ 이 남는 것을 모두 이어서 $1\frac{1}{5}$ 로 표현한다.

$\frac{6}{5}$ 은 가분수라 하고, $\frac{6}{5}$ 은 $1\frac{1}{5}$ 로도 표현한다.

자연수와 분수가 이어진 $1\frac{1}{5}$ 과 같은 분수를 대분수라고 한다.

일반적으로 가분수는 대분수로 고쳐서 표현한다. 가분수로 표현하는 경우는 계산할 때 편의를 위해서 잠깐 가분수로 만들지만 모든 가분수는 대분수로 고쳐서 표현한단다. 그래서 가분수를 임시 분수라고 하는 거란다.

아이들 : 감사합니다. 분수에 대해서 많이 알았습니다.

문지기 : 분수 나라를 다니면서 문지기의 설명도 듣고, 너희들이 활동하면서 분수와 분수의 계산에 대해서 자세히 알아보렴.

 놀이 **건너가세요**

〈방법 : 두 편으로 나눠서 1m 간격으로 마주 보며 선다. 해결한 사람은 다른 편으로 건너가기 놀이〉

① 분모는 1을 똑같이 조각낸 수, 전체를 같은 개수로 묶은 수이다. 맞으면 건너가세요.

② 진분수 5개를 쓸 수 있는 사람은 건너가세요.

③ 가분수 2개를 쓰고, 대분수로 고칠 수 있는 사람은 건너가세요.

④ $\frac{4}{5}$ 와 $\frac{6}{5}$ 을 수직선에 표현할 수 있는 사람은 건너가세요.

⑤ $2\frac{1}{2}$ 통의 수박이 있다. 그림으로 표현할 수 있는 사람은 건너가세요.

2. $\frac{1}{2}$과 같은 분수

$\frac{1}{2}$:

$\frac{2}{4}$:

$\frac{3}{6}$:

$\frac{4}{8}$:

$\frac{5}{10}$:

$\frac{6}{12}$:

$\frac{7}{14}$:

$\frac{8}{16}$:

$\frac{9}{18}$:

$\frac{10}{20}$:

위의 그림에서 보면 $\frac{1}{2}$과 크기가 같은 수많은 다른 이름의 분수가 있음을 알 수 있다($\frac{2}{4}$, $\frac{3}{6}$, $\frac{4}{8}$, $\frac{5}{10}$… 등).

분수의 이름은 다르지만 크기는 모두 같다.

분모는 전체 '1'을 나눈 모양을 나타내고, 분자는 그 나눈 것 중에서 모은 양을 나타낸다.

분자가 분모의 반을 차지하면 모든 분수는 $\frac{1}{2}$과 같은 것이다.

> **분수 막대는 A4 용지 긴 쪽을 알맞은 크기로 나누어서 사용하면 쉽다.**

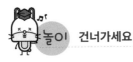 **놀이 건너가세요**

① $\frac{15}{30}$를 분수 막대에 나타낼 수 있는 사람은 건너가세요.　② $\frac{20}{40}$을 분수 막대에 나타낼 수 있는 사람은 건너가세요.

③ $\frac{25}{50}$를 수직선에 나타낼 수 있는 사람은 건너가세요.　④ $\frac{30}{60}$을 수직선에 나타낼 수 있는 사람은 건너가세요.

분수

3. 분모가 같은 분수의 덧셈과 뺄셈(예: $\frac{2}{4}$ + $\frac{3}{4}$)

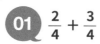 $\frac{2}{4}$ + $\frac{3}{4}$

① 의미

$\frac{2}{4}$와 $\frac{3}{4}$을 모으기 하면 합은 얼마인가?

② 분수 막대

$\frac{2}{4}$

(4조각 나눈 중에 2개)

$\frac{3}{4}$

(4조각 나눈 중에 3개)

$\left(\frac{5}{4}\right)$

(4조각 나눈 모양이 5개 있음)

③ 색카드 분수

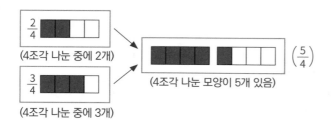

$\frac{2}{4}$

$\frac{3}{4}$

$\frac{5}{4}$

④ 수 맵

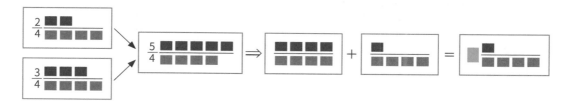

$\frac{2}{4}$

$\frac{3}{4}$

$\frac{5}{4}$ = 1 $\frac{1}{4}$

넷째 나라

분수
3. 분모와 같은 분수의 덧셈과 뺄셈(예: $\frac{2}{4} + \frac{3}{4}$)

⑤ 수학나라 말

$$\frac{2}{4} + \frac{3}{4} = \frac{2+3}{4} = \frac{5}{4} = 1\frac{1}{4}$$

🔵 분모는 나눈 모양을 설명하는 것이므로 분모끼리는 분모의 수를 더하지 않는다.

 놀이 **연극놀이$\left(\frac{2}{3} + \frac{2}{3}\right)$**

① 나의 빵 $\frac{2}{3}$개와 너의 빵 $\frac{2}{3}$개를 모으자.

② 나의 빵 1개는 3조각을 내어서 분모가 '3' 너의 빵도 분모가 '3'이네.

③ 똑 같은 모양으로 나누어서 공평하니 바로 모으기를 해도 되겠다.

$$\frac{2}{3} + \frac{2}{3} = \frac{4}{3}$$

④ 1개의 빵을 3조각을 낸 빵이 4조각 있구나.

02 $1\frac{1}{4} - \frac{3}{4}$

① 의미

$1\frac{1}{4}$에서 $\frac{3}{4}$을 가르기 하면 차는 얼마인가?

② 분수 막대

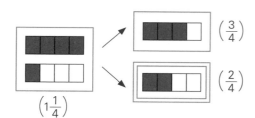

 놀이 **나는 여러분을 사랑합니다**

옆의 그림을 보면서 뺄셈으로 쓸 수 있는
여러분을 사랑합니다.

③ 색카드 분수

🔷 나눈 모양(분모)이 같으므로 공평한 상태에서 뺄셈을 할 수 있다.

④ 수 맵

$$1\frac{1}{4} = \frac{5}{4}$$

$\frac{3}{4}$

$\frac{2}{4}$

 놀이 연극놀이$\left(1\frac{1}{4} - \frac{3}{4}\right)$

① 내가 가진 빵은 $1\frac{1}{4}$개인데 친구가 빵 $\frac{3}{4}$개를 달라고 한다.

② 먼저 나의 빵 $1\frac{1}{4}$개를 가분수로 고치니 빵 $\frac{5}{4}$개가 되네.

③ 내가 가진 빵도 분모가 4이고, 친구도 분모 4인 빵을 3조각을 달라고 한다. 빵을 나눈 모양이 같으니 친구에게 바로 줘도 되겠다.

$$\frac{5}{4} - \frac{3}{4} = \frac{2}{4}$$

④ 이제 나에게 남은 빵은 $\frac{2}{4}$개다.

⑤ 익히기

☐ 안에 들어갈 수 있는 자연수 중에서 가장 작은 수를 구하시오.

$$\frac{8}{10} - \frac{\square}{10} < \frac{4}{10}$$

분수

4. 분모가 다른 분수의 덧셈과 뺄셈

01 $\dfrac{1}{6} + \dfrac{1}{3}$

① 의미

$\dfrac{1}{6}$과 $\dfrac{1}{3}$을 모으기 하면 합은 얼마인가?

② 분수 막대

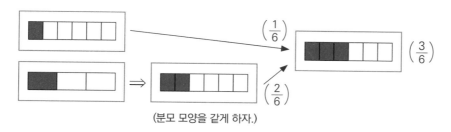

(분모 모양을 같게 하자.)

③ 색카드 분수

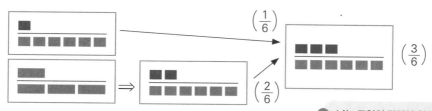

● 나눈 모양이 같아야 하므로 분모를 같게 한다.

④ 수 맵

$$\dfrac{1}{6} + \dfrac{1}{3} = \dfrac{1}{6} + \dfrac{2}{6} = \dfrac{1+2}{6} = \dfrac{3}{6}$$

└─► 분모 모양을 같게 하자(통분).

 연극놀이 $\left(\dfrac{1}{6} + \dfrac{1}{3}\right)$

① 나의 빵 $\dfrac{1}{6}$개(1조각)와 너의 빵 $\dfrac{1}{3}$개(1조각)를 모으기 하자.

② 분모가 다르니 나눈 모양이 다르다. 먼저 나눈 모양을 같게 하자.

③ 너의 빵 $\dfrac{1}{3}$개를 나의 빵처럼 6조각으로 만들어야겠다.

④ 너의 빵을 6조각으로 만드니 $\dfrac{1}{3}$은 $\dfrac{2}{6}$가 된다.

⑤ 이제 빵 조각의 크기가 같으니 모으기를 하자.

⑥ $\dfrac{1}{6} + \dfrac{1}{3} = \dfrac{1}{6} + \dfrac{2}{6} = \dfrac{3}{6}$(모으기 한 빵은 $\dfrac{3}{6}$개가 된다.)

---

02 $\dfrac{1}{3} - \dfrac{1}{6}$

① 의미

$\dfrac{1}{3}$에서 $\dfrac{1}{6}$을 가르기 하면 차는 얼마인가?

② 분수 막대

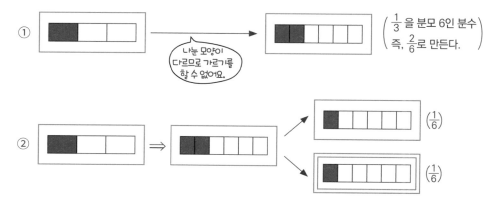

넷째 나라 분수
4. 분모가 다른 분수의 덧셈과 뺄셈

③ 색카드 분수

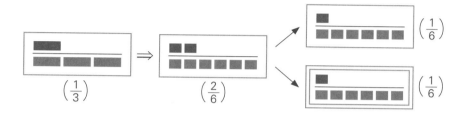

④ 수 맵

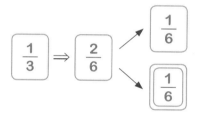

 놀이 연극놀이 $\left(\dfrac{1}{3} - \dfrac{1}{6}\right)$

① 나의 빵이 $\dfrac{1}{3}$개인데 친구가 $\dfrac{1}{6}$개를 달라고 한다.

② 나의 빵을 친구가 원하는 6조각의 빵 모양으로 만들자.

③ $\dfrac{1}{3} = \dfrac{2}{6}$

④ 나의 빵 $\dfrac{1}{3}$개를 6조각으로 나누니 $\dfrac{2}{6}$개가 된다.

⑤ 이제 친구에게 $\dfrac{1}{6}$개를 주자.

$$\dfrac{1}{3} - \dfrac{1}{6} = \dfrac{2}{6} - \dfrac{1}{6} = \dfrac{1}{6}$$

 놀이 나는 여러분을 사랑합니다

〈방법 : 쪽지에 알맞은 답을 쓰고 자리를 무작위로 이동하는 놀이를 합니다.〉

① 나는 여러분을 사랑합니다. 그중에서 특히 $\dfrac{1}{2} - \dfrac{1}{3}$의 계산을 할 수 있는 사람을 사랑합니다.

② 문제의 예시 : $\dfrac{3}{4} - \dfrac{2}{3}$, $\dfrac{1}{2} - \dfrac{3}{8}$, $\dfrac{1}{2} - \dfrac{1}{6}$, $\dfrac{2}{3} - \dfrac{1}{4}$

01　$1\frac{1}{2} + 1\frac{1}{3}$

① 의미

$1\frac{1}{2}$과 $1\frac{1}{3}$을 모으기 하면 합는 얼마인가?

② 색카드 분수

① 방법 : 대분수에서 자연수는 자연수끼리, 분수는 분수끼리 모으기

② 방법 : 대분수를 가분수로 고쳐서 모으기

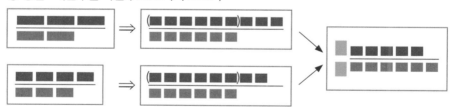

③ 수 맵

① 방법

$$1\frac{1}{2} \Rightarrow 1\frac{3}{6}$$

$$1\frac{1}{3} \Rightarrow 1\frac{2}{6}$$

$$2\frac{5}{6}$$

② 방법

$$1\frac{1}{2} \Rightarrow \frac{3}{2} \Rightarrow \frac{9}{6}$$

$$1\frac{1}{3} \Rightarrow \frac{4}{3} \Rightarrow \frac{8}{6}$$

$$\frac{17}{6} \Rightarrow 2\frac{5}{6}$$

분모를 같게 하자
(나눈 모양을 같게)

④ 수학나라 말

$$1\frac{1}{2} + 1\frac{1}{3} = (1+1) + \left(\frac{1}{2} + \frac{1}{3}\right) = 2 + \frac{3}{6} + \frac{2}{6} = 2 + \left(\frac{3+2}{6}\right) = 2 + \frac{5}{6} = 2\frac{5}{6}$$

⑤ 익히기

① $1\frac{1}{3} + 2\frac{1}{4}$ ② $2\frac{1}{5} + 3\frac{2}{3}$ ③ $3\frac{1}{2} + 4\frac{1}{6}$ ④ $1\frac{1}{3} + 2\frac{3}{4}$

놀이   **경찰관 아저씨, 잃어버린 대분수를 찾아 주세요**

① 경찰관은 교실 밖으로 나가고, 남아 있는 학생들은 잃어버린 수나 식을 정한다.

   (예 $1\frac{1}{2} + \boxed{} = 4\frac{3}{4}$)

② 학생들이 크게 외친다. "경찰관 아저씨, 잃어버린 대분수를 찾아 주세요."

③ 경찰관이 나타나서 한 사람에게 묻는다. "어떤 대분수를 잃어버렸어요?"

④ 학생이 답한다. "3보다 큰 대분수입니다."

⑤ 경찰관은 5명에게 질문하고 답을 찾아낸다.

⑥ 학생들은 경찰관의 질문에 근접한 답을 말한다.

   (예 합이 $4\frac{3}{4}$입니다. $\frac{1}{2}$과의 합입니다. 분모가 4입니다. 분자는 2보다 작습니다 등.)

01 분수×자연수

$\dfrac{2}{5} \times 3$

① 의미

$\dfrac{2}{5}$의 3배의 곱은 얼마인가? ($\dfrac{2}{5}+\dfrac{2}{5}+\dfrac{2}{5}$, 나의 것 $\dfrac{2}{5}$의 3배는?)

② 색카드 분수

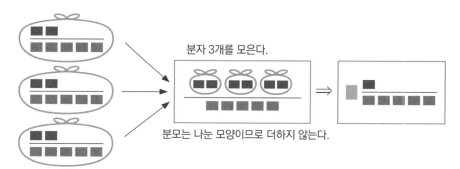

분자 3개를 모은다.

분모는 나눈 모양이므로 더하지 않는다.

③ 수 맵

같은 수'2'를 3개 모음 → 곱셈

$$\dfrac{2 \times 3}{5} = \dfrac{6}{5} = 1\dfrac{1}{5}$$

넷째 나라 분수

5. 분수의 곱셈

놀이 건너가세요

〈방법 : 맞다고 생각하면 건너가세요.〉

① $\frac{3}{4} \times 2$는 분모 4가 2개 있으므로 4×2를 한다.

② $\frac{5}{6} \times 3$은 $\frac{5}{6}$가 3개 있으므로 5×3을 하고, 분모는 나눈 모양을 나타낸다.

③ $\frac{3}{7} \times 4$는 $\frac{3}{7}$이 4개이므로 3×4의 양을 구해서 분모 7로 나눈다.

◎ $\frac{3}{4} \times 3$

① 의미

$\frac{3}{4}$의 3배의 곱은 얼마인가? ($\frac{3}{4} + \frac{3}{4} + \frac{3}{4}$, 나의 것 $\frac{3}{4}$의 3배는?)

② 색카드 분수

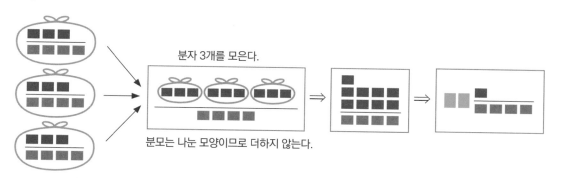

분자 3개를 모은다.

분모는 나눈 모양이므로 더하지 않는다.

l 잠 l 깐 l 만 l 요 l 덧셈과 뺄셈은 나의 것 과 너의 것 을 사이에 두고 서로 모으기나 가르기를 하면서 계산 활동이 이루어진다.
곱셈은 나의 것 을 중심으로, 혹은 너의 것 을 중심으로 계산 활동이 이루어진다. 즉, 한 사람 것을 중심으로 한다.

③ 수 맵

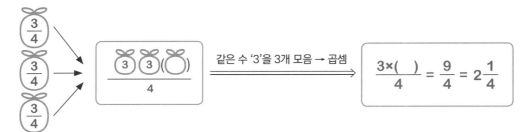

같은 수 '3'을 3개 모음 → 곱셈

$$\frac{3\times()}{4} = \frac{9}{4} = 2\frac{1}{4}$$

④ 수학나라 말

분모는 나눈 모양을 설명하므로 더하지 않고 분자만 서로 모으기(곱셈)를 한다.

$$\frac{3}{4} \times 3 = \frac{3}{4} + \frac{3}{4} + \frac{3}{4} = \frac{3\times()}{4} = \frac{9}{4} = 2\frac{1}{4}$$

⑤ 익히기

① $\frac{3}{4} \times 2$ 　　② $\frac{5}{6} \times 3$ 　　③ $\frac{3}{7} \times 4$ 　　④ $\frac{3}{8} \times 5$

 놀이 경찰관 아저씨, 잃어버린 분수 곱셈식을 찾아 주세요

① 학생들은 잃어버린 분수 곱셈식을 정한다. $\frac{3}{4} \times 3$

② 경찰관 : 어떤 분수 곱셈식을 잃어버렸습니까? (학생 5명에게 각각 질문한다.)

③ 학생

　㉠ 그 분수의 분모는 4입니다.

　㉡ 그 분수가 3개 있습니다.

　㉢ 그 분수는 $\frac{2}{4}$보다 큽니다.

　㉣ 곱은 2보다 큽니다.

　㉤ 분자는 4보다 작습니다.

넷째 나라 · 분수

5. 분수의 곱셈

---

02 자연수×분수

○ $8 \times \dfrac{3}{4}$

1 의미

8의 $\dfrac{3}{4}$배는 얼마인가? (나의 것 8을 중심으로 $\dfrac{3}{4}$배를 구하기) : $8 \times \dfrac{3}{4} = 8 \times \dfrac{1}{4} \times 3$

2 색카드 분수

① ②

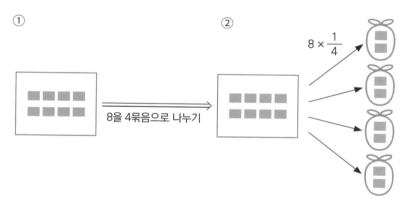

③

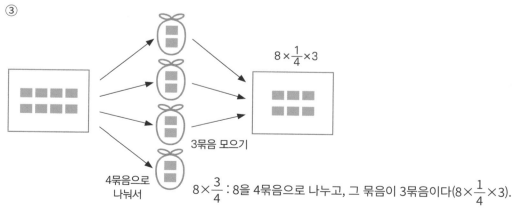

$8 \times \dfrac{3}{4}$: 8을 4묶음으로 나누고, 그 묶음이 3묶음이다($8 \times \dfrac{1}{4} \times 3$).

③ 수 맵

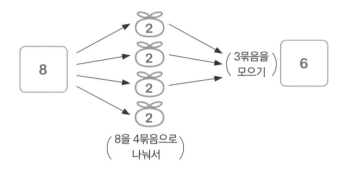

④ 수학나라 말

$$8 \times \frac{3}{4} = \overset{2}{8} \times \frac{3}{\overset{}{4}} = 2 \times 3 = 6$$

(3묶음이므로)

(1묶음은 2개)

(1묶음은 2개)

 놀이 건너가세요

〈맞다고 생각하면 건너가세요.〉

① $10 \times \frac{2}{5}$는 10을 5묶음 해서 그중에서 2묶음을 구한다.

② $12 \times \frac{3}{4}$은 12를 4묶음 해서 그중에서 3묶음을 구한다.

③ $14 \times \frac{5}{7}$는 7을 5묶음 해서 그중에서 14를 구한다.

○ $4 \times \frac{2}{3}$

① 의미

4의 $\frac{2}{3}$배는 얼마인가? (4를 3묶음으로 나눠서 2묶음을 모으면 얼마인가?) : $4 \times \frac{1}{3} \times 2$

 놀이 건너가세요

① $\frac{3}{4}$은 $\frac{1}{4} \times ($ $)$ 이다. (쪽지에 쓴 후 건너가기)

② $\frac{5}{7}$는 $\frac{1}{7} \times ($ $)$ 이다.

③ $\frac{5}{6}$는 $($ $) \times 5$이다.

② 색카드 분수$(4\times\frac{2}{3}=4\times\frac{1}{3}\times2)$

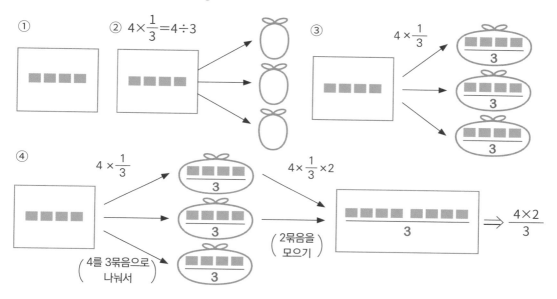

③ 수 맵$(4\times\frac{2}{3}$는 4를 3묶음으로 나눠서 2묶음 모으기$)$

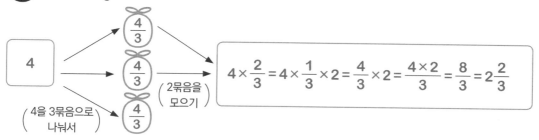

$$4\times\frac{2}{3}=4\times\frac{1}{3}\times2=\frac{4}{3}\times2=\frac{4\times2}{3}=\frac{8}{3}=2\frac{2}{3}$$

 놀이 건너가세요

① $4\times\frac{2}{5}$의 분수 곱셈을 할 수 있는 사람은 건너가세요. (말로 표현하기 → 예 4를 5묶음으로 나눠서 2묶음 모으기)

② $6\times\frac{3}{5}$의 분수 곱셈을 할 수 있는 사람은 건너가세요. (말로 표현하기)

③ $6\times\frac{2}{3}$의 분수 곱셈을 수 맵으로 그릴 수 있는 사람은 건너가세요. (말로 표현하기)

④ $10\times\frac{4}{5}$의 분수 곱셈을 수 맵으로 그릴 수 있는 사람은 건너가세요. (말로 표현하기)

03 분수×분수

$\frac{1}{2} \times \frac{3}{4}$　　　나의 것 $\frac{1}{2}$을 중심으로 $\frac{3}{4}$배는 얼마인가?

① 의미

$\frac{1}{2}$의 $\frac{3}{4}$배는 얼마인가?

ㅣ잠ㅣ깐ㅣ만ㅣ요ㅣ 분수의 곱셈과 나눗셈은 초등 수학 중에서 가장 이해하기 힘든 부분이다. 개념 이해의 어려움으로 이해를 포기하고 기계적으로 외우고 계산하는 모습을 많이 본다. 색카드 분수를 이용해서 자르고 놓아 보는 과정을 통하면 분수의 곱셈 계산 방법의 원리를 완전히 이해하게 될 것이다.

② 색카드 분수

　왼쪽 분수 모양의 $\frac{3}{4}$배는 얼마인가? (갖고 있는 양은 ▬이다)

(1군데에 3개씩)

① ▬의 $\frac{3}{4}$을 구하면 → 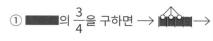 　　▮▮▮▮▮의 모습은 자른다는 뜻이다.

② 분자 모양이 나눠지면 당연히 분모 모양도 나눠진다(분수 막대에서 보듯이 분자와 분모는 같은 막대이므로 나눈 모습이 같아야 한다.)

(1군데에 3개씩)

③  $\xrightarrow[\text{분모 2를 4개씩 나누므로}]{}$ $\frac{1\times3}{2\times4} = \frac{3}{8}$

④ $\frac{1}{2} \times \frac{3}{4} = \frac{1\times3}{2\times4} = \frac{3}{8}$

 놀이　**나는 여러분을 사랑합니다**

① 나는 $\frac{1}{2}\times\frac{1}{2}$에서 분자 모습을 그릴 수 있는 여러분을 사랑합니다.

② 나는 $\frac{1}{2}\times\frac{1}{2}$에서 분모 모습을 그릴 수 있는 여러분을 사랑합니다.

③ $\frac{1}{2}\times\frac{1}{3}$에서 분모 모습을, $\frac{1}{3}\times\frac{1}{2}$에서 분자 모습을 그릴 수 있는 여러분을 사랑합니다.

$\dfrac{3}{4} \times \dfrac{3}{4}$

① 질문

$\dfrac{3}{4}$이 클까? $\dfrac{3}{4} \times \dfrac{3}{4}$이 클까?

② 색카드 분수

 왼쪽 분수 모양의 $\dfrac{3}{4}$배는 얼마인가? (나의 것 $\dfrac{3}{4}$을 중심으로 $\dfrac{3}{4}$배는 얼마인가?)

① 의 $\dfrac{3}{4}$을 구하면 ▢▢▢ (갖고 있는 양은 ▢▢▢ 이다)

⇒

② 분자 모양이 나눠지면 당연히 분모 모양도 나눠진다(분수 막대에서 보듯이 분자와 분모는 같은 막대이므로 나눈 모습이 같아야 한다).

③  $\xrightarrow[\text{분모 4를 4개씩 나누므로}]{\text{(3군데에 3개씩)}}$ $\dfrac{3\times3}{4\times4} = \dfrac{9}{16}$

④ $\dfrac{3}{4} \times \dfrac{3}{4} = \dfrac{3\times3}{4\times4} = \dfrac{9}{16}$

 놀이 **나는 여러분을 사랑합니다**

① 나는 $\dfrac{2}{5} \times \dfrac{3}{5}$에서 분자 모습을 그릴 수 있는 여러분을 사랑합니다. (분자의 모습을 말로도 표현하기)

② 나는 $\dfrac{2}{5} \times \dfrac{3}{5}$에서 분모 모습을 그릴 수 있는 여러분을 사랑합니다. (분모의 모습을 말로도 표현하기)

③ 예시 : $\dfrac{5}{6} \times \dfrac{1}{2}$, $\dfrac{4}{5} \times \dfrac{2}{3}$에서 분자, 분모 모습 등(이 모습들을 말로도 표현하기)

넷째 나라

분수
6. 분수÷자연수

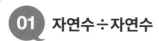

01 자연수÷자연수

○ 1÷4

① 의미

1을 4사람(겉)에게 나누면 1사람의 몫(속)은 얼마인가?

② 분수 막대

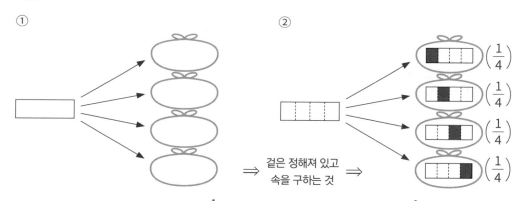

①   ②

겉은 정해져 있고
속을 구하는 것

1을 4사람에게 나누면 4사람은 전체의 $\frac{1}{4}$씩을 각각 갖는다. 즉 1÷4의 몫은 $1 \times \frac{1}{4}$과 같은 것이다(등분제).

등분제는 여러 사람에게 나누어 주는 양이 똑같다.

각 사람이 받는 양은 $1 \div 7 = 1 \times \frac{1}{7}$, $1 \div 8 = 1 \times \frac{1}{8}$, $1 \div 9 = 1 \times \frac{1}{9}$이 된다.

놀이 아이 앰 그라운드 나누기를 곱하기로 말하기

① 4박자에 맞춰 교사가 외친다. 교사가 "1÷5"를 외치면, 학생은 "$1 \times \frac{1}{5}$"로 화답한다.

② 교사가 "1÷7"을 외치면, 학생은 "$1 \times \frac{1}{7}$"로 화답하다.

③ 위의 형태를 반대로 할 수도 있다(예 교사 : $1 \times \frac{1}{6}$, 학생 : 1÷6).

02 분수÷자연수

$\dfrac{1}{4} \div 2$

① 의미

$\dfrac{1}{4}$을 2사람에게 나누면 1사람씩 갖는 몫은 얼마인가?

② 분수 막대

①
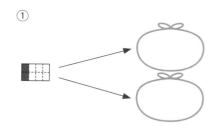

②
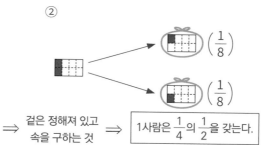

$\Rightarrow$ 겉은 정해져 있고
속을 구하는 것 $\Rightarrow$ 1사람은 $\dfrac{1}{4}$의 $\dfrac{1}{2}$을 갖는다.

③ 색카드 분수

①
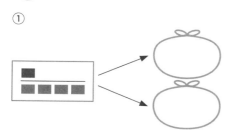

②
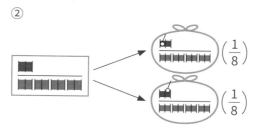

분자 ■■ 을 ■■로 나누면 분모도 당연히 2개로 나눕니다.
분자와 분모는 같은 분수 막대입니다.

④ 수학나라 말

$\dfrac{1}{4} \div 2 = \dfrac{1}{4} \times \dfrac{1}{2} = \dfrac{1 \times 1}{4 \times 2} = \dfrac{1}{8}$ (등분제) $\Longrightarrow \div 2$는 $\times \dfrac{1}{2}$과 같은 뜻이다.

01 $1÷2$와 $1÷\frac{1}{2}$의 비교

	$1÷2$	$1÷\frac{1}{2}$
의미	1을 2사람에게 나눌 때 1사람의 몫은?	1속에 $\frac{1}{2}$은 몇 번 들어 있나?
색카드	■ = (그림)	■ = (그림) (2번)
수 맵	1 → $\frac{1}{2}$ $\frac{1}{2}$	1 $\Rightarrow$ $\frac{2}{2}$ → $\frac{1}{2}$: ○ $\frac{1}{2}$: ○
나눗셈	등분제 : 1사람이 갖는 양	포함제 : 몇 번 포함될까?

02 $1÷$단위 분수

①   교실 수업(아이들 몸을 이용함)

① $1÷\frac{1}{3}$:

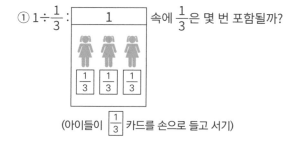

속에 $\frac{1}{3}$은 몇 번 포함될까?

(아이들이 $\boxed{\frac{1}{3}}$ 카드를 손으로 들고 서기)

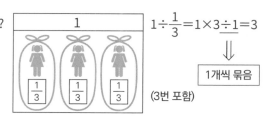

$1÷\frac{1}{3}=1×3÷1=3$

$\Downarrow$

$\boxed{1개씩 묶음}$

(3번 포함)

② $1 \div \frac{1}{4}$:

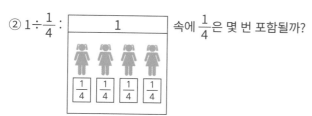

속에 $\frac{1}{4}$ 은 몇 번 포함될까?

(아이들이 $\boxed{\frac{1}{4}}$ 카드를 손으로 들고 서기)

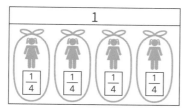

$1 \div \frac{1}{4} = 1 \times 4 \div 1 = 4$

$\Downarrow$

$\boxed{\text{1개씩 묶음}}$

(4번 포함)

③ 위와 같은 방법으로

$1 \div \frac{1}{5} = 5$번, $1 \div \frac{1}{6} = 6$번, $1 \div \frac{1}{7} = 7$번

④ $1 \div$ 단위 분수 $\Rightarrow 1 \div \dfrac{1}{\text{분모}}$ $\Rightarrow 1 \times$ 분모 $\div 1 = 1 \times$ 분모

$\Downarrow$

$\boxed{\text{1개씩 묶음}}$

$\boxed{\textbf{1속에 단위 분수는 분모의 수만큼 포함된다.}}$

② 색카드 분수

① 아이들 몸 대신에 색카드를 이용하는 색카드 분수로 공부함. (157쪽의 ❷번을 참고

| 잠 | 깐 | 만 | 요 | 아이들 몸으로 하는 방법과 색카드로 하는 방법은 다 같으나 아이들은 자신들의 몸을 사용하는 것을 더 좋아한다. 또 협력해서 공부할 때 더 효과적임을 보여 준다.

---

03 1÷진분수

① 교실 수업(아이들 몸을 이용함)

① $1 \div \dfrac{1}{5} = 1 \times 5 \div 1 = 1 \times 5 = 5$

$\Downarrow$

1개씩 묶음

② $1 \div \dfrac{2}{5}$: 　1 속에 $\dfrac{2}{5}$는 몇 번 포함될까?

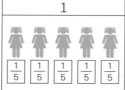

$\Rightarrow 1 \div \dfrac{2}{5} = 1 \times 5 \div 2 = 1 \times 5 \times \dfrac{1}{2} = 1 \times \dfrac{5}{2} = 2\dfrac{1}{2}$번

$\Downarrow$

5번을 2개씩 묶는 것은 ÷2와 같으며 $\times \dfrac{1}{2}$이다.

③ $1 \div \dfrac{3}{5}$:

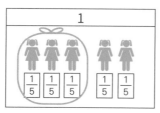

$\Rightarrow 1 \div \dfrac{3}{5} = 1 \times 5 \div 3 = 1 \times 5 \times \dfrac{1}{3} = 1 \times \dfrac{5}{3} = 1\dfrac{2}{3}$번

$\Downarrow$

5번을 3개씩 묶는 것은 ÷3과 같으며 $\times \dfrac{1}{3}$이다.

④ $1 \div \dfrac{2}{7}$:

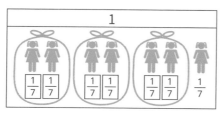

$\Rightarrow 1 \div \dfrac{2}{7} = 1 \times 7 \div 2 = 1 \times 7 \times \dfrac{1}{2} = 1 \times \dfrac{7}{2} = 3\dfrac{1}{2}$번

$\Downarrow$

7번을 2개씩 묶는 것은 ÷2와 같으며 $\times \dfrac{1}{2}$이다.

⑤ $1 \div \frac{3}{7}$:

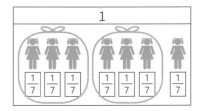

$\Rightarrow 1 \div \frac{3}{7} = 1 \times 7 \div 3 = 1 \times 7 \times \frac{1}{3} = 1 \times \frac{7}{3} = 2\frac{1}{3}$번

$\Downarrow$

7번을 3개씩 묶는 것은 ÷3과 같으며 $\times \frac{1}{3}$이다.

2 색카드 분수($1 \div \frac{2}{5}$)

묶은 $2\frac{1}{2}$번

$\frac{2}{5}$를 기준으로 한다.

이 '1'번이므로

은 $\frac{1}{2}$번이 된다.

3 수 맵($1 \div \frac{2}{5}$)

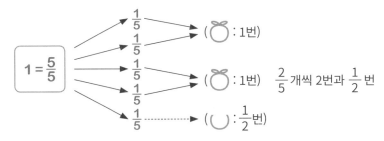

$1 = \frac{5}{5}$

$\frac{1}{5}$
$\frac{1}{5}$ → (: 1번)

$\frac{1}{5}$
$\frac{1}{5}$ → (: 1번) $\frac{2}{5}$ 개씩 2번과 $\frac{1}{2}$ 번

$\frac{1}{5}$ ┈┈> (: $\frac{1}{2}$번)

4 정리

$1 \div \frac{1}{5}$일 때는 1속에 $\frac{1}{5}$은 5번 포함된다.

$1 \div \frac{2}{5}$일 때는 $1 \div \frac{1}{5}$의 몫 5를 2로 묶으므로 2로 나누는 것이다.

$1 \div \frac{2}{5} = 1 \times 5 \div 2 = 1 \times 5 \times \frac{1}{2} = 1 \times \frac{5}{2} = 2\frac{1}{2}$

$\Rightarrow$ $\boxed{1 \div \frac{분자}{분모} = 1 \times 분모 \div 분자 = 1 \times \frac{분모}{분자} \Rightarrow 1 \times 분수의 역수}$

넷째 나라

분수

7. 분수÷분수

놀이 건너가세요

① $1÷\frac{4}{7}$의 몫은 $1÷\frac{1}{7}$의 몫을 4로 나눈 것이 된다. 맞으면 건너가세요.

② $1÷\frac{5}{8}$의 몫은 $1÷\frac{1}{8}$의 몫을 5로 나눈 것이 된다. 맞으면 건너가세요.

③ $1÷\frac{7}{9}$의 몫은 $1÷\frac{1}{9}$의 몫을 9로 나눈 것이 된다. 맞으면 건너가세요.

④ $1÷\frac{4}{7}$의 몫은 $1×($ $)$과 같다.

⑤ $1÷\frac{5}{8}$의 몫은 $1×($ $)$과 같다.

⑥ $1÷\frac{7}{9}$의 몫은 $1×($ $)$와 같다.

⑦ $1÷\frac{4}{7}$는 $1×($ $)÷4$ 이다.

⑧ $1÷\frac{5}{8}$는 $1×($ $)÷5$ 이다.

⑨ $1÷\frac{3}{5}$은 $1×($ $)÷3$ 이다.

⑩ 4사람에게 나누는 것은 4사람이 각각 $\frac{1}{4}$씩 갖는 것과 같다. 맞으면 건너가세요.

⑪ $÷4$는 $×($ $)$과 같다.

⑫ 8사람에게 나누는 것은 8사람이 각각 $\frac{1}{8}$씩 갖는 것과 같다. 맞으면 건너가세요.

⑬ $÷8$은 $×($ $)$과 같다.

⑭ $1÷\frac{1}{분모}$의 몫이 $1×분모$가 되는 이유를 설명할 수 있는 사람은 건너가세요.

⑮ $1÷\frac{분자}{분모}$의 몫은 $1×분모$를 분자로 나누는 이유를 설명할 수 있는 사람은 건너가세요.

04 **자연수÷진분수**

○ $2 ÷ \frac{4}{5}$

1 **의미**

2 속에 $\frac{4}{5}$ 는 몇 번 들어 있는가?

② 색카드 분수

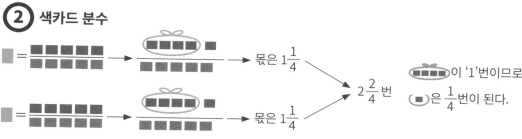

$1 \div \frac{4}{5}$ 의 몫은 $1 \times \frac{5}{4}$ 이므로 $\frac{5}{4}$ 이다. 2 속에는 이것이 2개 있으므로 $2 \div \frac{4}{5} = 2 \times \frac{5}{4}$ 이다.

③ 수 맵

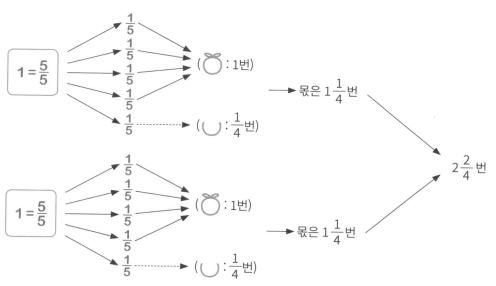

$2 \div \frac{4}{5}$ 의 몫은 $1 \div \frac{4}{5}$ 의 몫의 2배인 것을 알 수 있다.

$$2 \div \frac{4}{5} = 2 \times \frac{5}{4} = 2\frac{2}{4}$$

05 분수 ÷ 진분수

○ $\dfrac{1}{2} \div \dfrac{2}{6}$

1 의미

$\dfrac{1}{2}$ 속에 $\dfrac{2}{6}$ 는 몇 번 들어 있는가?

2 색카드 분수

① $1 \div \dfrac{2}{6}$: ⟶ ⟶ $1 \div \dfrac{2}{6}$ 의 몫은 3

② $\dfrac{1}{2} \div \dfrac{2}{6}$: ⟶ ⟶ $\dfrac{1}{2} \div \dfrac{2}{6}$ 의 몫은 $1\dfrac{1}{2}$

3 수 맵

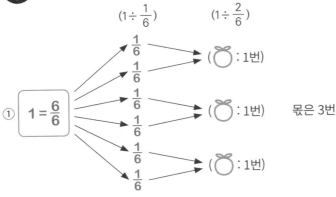

$(1 \div \dfrac{1}{6})$ $(1 \div \dfrac{2}{6})$

① $1 = \dfrac{6}{6}$

$\dfrac{1}{6}$
$\dfrac{1}{6}$ (: 1번)

$\dfrac{1}{6}$
$\dfrac{1}{6}$ (: 1번)   몫은 3번

$\dfrac{1}{6}$
$\dfrac{1}{6}$ (: 1번)

몫 6개를 2개씩 묶는다 : 6 ÷ 2

분수
7. 분수÷분수

$(\frac{1}{2} \div \frac{1}{6})$ $(\frac{1}{2} \div \frac{2}{6})$

②  $\frac{1}{2} = \frac{3}{6}$ → $\frac{1}{6}$

→ $\frac{1}{6}$ → (🍊 : 1번)   몫=$1\frac{1}{2}$번

→ $\frac{1}{6}$

→ $\frac{1}{6}$ ┈┈→ (◡ : $\frac{1}{2}$번)

$1 \div \frac{2}{6}$의 몫은 3

$\frac{1}{2} \div \frac{2}{6}$의 몫은 $\frac{3}{2}$

즉, 피제수가 1에서 $\frac{1}{2}$로 될 때 몫도 $\frac{1}{2}$
이 된다.

● 제수 : 나눗셈에서 어떤 수를 나누는 수
즉 10÷5=2에서 '5'를 말한다
피제수 : 나눗셈에서 제수를 나뉘는 수 즉
10÷5=2에서 '10'을 말한다.

놀이 건너가세요

① 사과 1개는 사과 반 개($\frac{1}{2}$)를 몇 개 갖고 있는지 아는 사람은 건너가세요.

② 사과 2개는 사과 $\frac{1}{2}$개를 2×2를 갖고 있다고 생각하는 사람은 건너가세요.

③ 사과 3개는 사과 $\frac{1}{2}$개를 3×2로 갖고 있다고 생각하는 사람은 건너가세요.

④ 사과 1개일 때 사과 $\frac{1}{2}$개의 개수는 사과가 2개, 3개, 4개가 되면, 사과 $\frac{1}{2}$의 2배, 3배, 4배로 된다. 맞으면 건너가세요.

⑤ 자연수÷($\frac{분자}{분모}$)는 자연수×($\frac{분모}{분자}$) 가 되는 이유를 설명할 수 있는 사람은 건너가세요.

> 놀이의 목적은 참가자 전원이 놀이에 참여하고 즐거움을 느끼는 데 있다. 이끔이는 위의 활동을 피드백하면서 부족
> 하게 느껴지면 다시 개념 활동을 전개하면서 참여자들이 소외되지 않고, 즐겁게 놀이에 참여할 수 있도록 해야 한다.

⑥ 사과 1개는 사과 $\frac{1}{4}$개를 1×4로 갖고 있다고 생각하는 사람은 건너가세요.

⑦ 사과 반 개($\frac{1}{2}$)는 사과 $\frac{1}{4}$개를 $\frac{1}{2}$×4로 갖고 있다고 생각하는 사람은 건너가세요.

⑧ 사과 $\frac{1}{4}$개는 사과 $\frac{1}{4}$개를 $\frac{1}{4}$×4로 갖고 있다고 생각하는 사람은 건너가세요.

⑨ 사과 $\frac{1}{8}$개는 사과 $\frac{1}{4}$개를 $\frac{1}{8}$×4로 갖고 있다고 생각하는 사람은 건너가세요.

⑩ 사과 1개일 때 사과 $\frac{1}{4}$개의 개수는 사과가 $\frac{1}{2}$개, $\frac{1}{4}$개, $\frac{1}{8}$개가 되면 그 개수도 $\frac{1}{2}$배, $\frac{1}{4}$배, $\frac{1}{8}$배로 된다. 맞으면 건너가세요.

⑪ 분수÷($\frac{분자}{분모}$)는 분수×($\frac{분모}{분자}$)가 되는 이유를 설명할 수 있는 사람은 건너가세요.

⑫ 분수의 나눗셈은 1÷($\frac{분자}{분모}$)의 몫을 기준으로 피제수의 배만큼 그 몫이 된다고 생각하는 사람은 건너가세요.

소수 나라에 왔어요. 문지기의 얼굴에 점(.)이 보여요.
이곳은 '10', '100', '1000'이란
수가 눈에 많이 들어오네요. 어떤 곳인지 궁금해요.

다섯째 나라 소수

01 소수 나라

① 소수 첫째 자리

"여긴 어디야?" 궁금해하며 두리번거리다가 소수 나라 문지기의 얼굴에 까만 점이 1개 찍혀 있는 것을 보고, 우리들은 막 웃었습니다.

문지기 : 내가 얼굴에 점을 달고 있어서 우습니? 왜 점을 달고 있는지 알아보자.
여기 1m의 가래떡이 있다. 나에게 $\frac{1}{10}$ m의 가래떡을 줄래?

아이들 : 분모가 10이니까 1m의 가래떡을 우선 10개로 나누자. 그중에서 1개를 드리자.

문지기 : 잘했다. 이번에는 가래떡 1m로 $\frac{7}{10}$ m 가래떡을 주렴.

아이들 : 쉽다. 역시 분모가 10이므로 1m를 10개로 나누어서 7개를 드리면 돼.

문지기 : 이번에는 마지막이다. 1m 가래떡으로 $\frac{10}{10}$ m를 나에게 주렴.

아이들 : 분모가 10이니 1m의 가래떡을 빨리 10개로 나누자. 그런데 분자가 10이네.
나는 10개를 다 드려야 하네. 여기 가래떡 $\frac{10}{10}$ m 있어요.
아하! 1m의 $\frac{10}{10}$ 은 바로 1m가 되는구나.

문지기 : 얘들아, $\frac{10}{10}$ 이 되니 '1'로 변하지? 너희들, '10'개가 되면 변신하는 것 생각나는 것 없니?

아이들 : 있어요. 분홍 카드가 10장이 되면 파랑 카드 1장이 되고, 파랑 카드가 10장이 되면 연두 카드 1장이 되고, 연두 카드가 10장이 되면 노랑 카드 1장이 되었어요.

문지기 : 그래. 자연수에서 '10'이 되면 한 자리 올라갔는데, 분수에서도 분모가 10일 때 분자가 10이면 '1'이 되어 올라간단다.

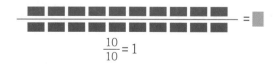

$$\frac{10}{10} = 1$$

한번 생각해 보자.

소수

1. 소수의 개념

$\dfrac{2}{2}$ = 1 : 분모가 2일 때 분자가 2이면 1이 되고,

$\dfrac{3}{3}$ = 1 : 분모가 ( )일 때 분자가 3이면 1이 되고,

$\dfrac{4}{4}$ = 1 : 분모가 4일 때 분자가 ( )이면 '1'이 되고,

$\dfrac{5}{5}$ = 1 : 분모가 5일 때 분자가 ( )이면 '1'이 되고,

$\dfrac{6}{6}$ = 1 : 분모가 ( )일 때 분자가 6이면 '1'이 되고,

$\dfrac{7}{7}$ = 1 : 분모가 7일 때 분자가 ( )이면 '1'이 되고,

$\dfrac{8}{8}$ = 1 : 분모가 ( )일 때 분자가 ( )이면 '1' 이 되고,

$\dfrac{9}{9}$ = 1 : 분모가 ( )일 때 분자가 ( )이면 1이 된단다.

이들 분수들은 모두 분모, 분자가 '10'이 아니나 분모와 분자의 수가 같을 때 '( )'이 된다. 또 분자가 10이어도 값이 1이 안 되는 경우도 있다. $\dfrac{10}{2}$일 때는 분자가 10이어도 분모가 2이므로 값은 1이 아니라 5가 된다. 또 $\dfrac{10}{5}$일 때는 분자가 10이어도 분모가 5이므로 값은 2가 된다. $\dfrac{10}{10}$만 분모가 10이고, 분자가 10이 될 때 '1'이 된다.

문지기 : 생각나는 것 없니?

아이들 : 우리들이 앞에서 배운 10이 되면 한 자리씩 올라가는 자연수와 같은 원리가 분모가 10일 때 들어 있어요.

문지기 : 그렇단다. 분모가 '10'($\dfrac{분자}{10}$)인 분수만 분자가 '10'일 때 '1', 즉 자릿수가 한 자리 올라가므로 다른 분수와는 다르게 특별하지. 이 자연수의 원리를 닮은 특별한 분수, 즉 분모 10인 분수를 **수학나라**에서 '소수'로 표현하자고 약속했단다.

즉, 분모가 10인 분수 중에서 $\dfrac{1}{10}$은 분자의 수 1 앞에 ' • '을 찍어 주어서 0.1로 표현하기로 약속한 거란다. 내가 왜 얼굴에 점을 찍고 있는지 이제 알겠지?

아이들 : 알겠어요. 우리들이 해 볼게요.

$\dfrac{1}{10}$ = 0.1 (영점 일)

$\dfrac{2}{10}$ = 0.2 (영점 이)

$\dfrac{3}{10}$ = 0.3 (영점 삼)

$$\frac{4}{10} = 0.4$$

$$\frac{5}{10} = 0.5$$

$$\frac{6}{10} = 0.6$$

$$\frac{7}{10} = 0.7$$

$$\frac{8}{10} = 0.8$$

$$\frac{9}{10} = 0.9$$

$$\frac{10}{10} = 1$$

문지기 : 1보다 작아서 ' • '을 갖고 있으면서 '10'개가 되면 한 자리 올라가는 수를 뭐라고 하니?"

아이들 : 소수입니다. 소수는 수 앞에 점을 갖고 있는 수, 또 분모가 10일 때 만들 수 있는 수,
아! 분수를 소수로 만드는 기본 조건은 분모가 '10'이 되는 것을 알았어요.

아이들은 갑자기 궁금해졌어요.

아이들 : 자연수 1, 10, 100, 1000을 배울 때 몸짓춤을 췄는데 소수 0.1은 몸짓춤이 없나요?

문지기 : 하하하, 있단다. 소수 0.1은 엉덩이춤이란다.
그럼 지금부터 엉덩이춤을 춰 볼까?"

아이들 : 0.1(엉덩이춤 한 번), 0.2(엉덩이춤 두 번), 0.3, 0.4, 0.5, 0.6, 0.7, 0.8, 0.9

〈양 손바닥으로 엉덩이를 1번 치기〉

◀ 엉덩이춤 사진 0.1($\frac{1}{10}$)

② **0.1이 10개이면 0.10인가?**

문지기 : 0.1이 9개이면.

아이들 : 0.9.

문지기 : 0.1이 10개 이면.

아이들 : 0.10 (영점십).

문지기 : 아니란다. 0.9의 몸짓춤을 춰 보렴.

아이들 : 엉덩이춤 9번입니다.

문지기 : 엉덩이춤 10번을 춰 보렴.

아이들 : 엉덩이춤 '10'번을 추면 자연수의 원리대로 하면 위로 올라가는데…

문지기 : 그래, 10번이니 위로 올라가면 어디로 가니?

아이들 : 허리춤으로 갑니다.

문지기 : 그러면 0.1이 10개 있으면 얼마가 되니?

아이들 : 허리춤이니 '1'이 됩니다.

문지기 : 그렇단다. 0.1이 10개면 0.10이 아니고, 1이 된다. 그리고 0.10은 0.1과 같은 수란다.
수학나라에서는 0.10을 영점 십이라고 읽지 않고, 영점 일영으로 읽는다.
그럼 지금부터 몸짓춤으로 다음 수들을 표현해 보렴.

수	허리춤과 엉덩이춤	엉덩이춤만
1.5		
2.4		
6.8		

③ 소수 둘째 자리

4학년이 되어서 우리 친구들 100명이 소수 나라 문지기를 찾아갔어요. 많은 친구들을 보고 문지기가 놀라고 또 기뻐했어요.

문지기 : 가래떡 1m로 100명이 나눠 가지렴.

아이들은 먼저 가래떡 1m를 100등분했어요. 그리고 1사람이 $\frac{1}{100}$ m씩 가졌어요.

문지기 : 너희들 100명이 가진 것을 다 모아 보렴.

우리들은 열심히 모았어요. 그러자 $\frac{100}{100}$ m가 되었어요. 즉, 다시 1m가 되었어요.

아이들 : 어! 또 기발한 생각이 들어온다. $\frac{1}{10}$ 처럼 $\frac{1}{100}$ 도 소수로 표현할 수 있을 것 같아.

문지기 : 그래, $\frac{1}{100}$ 도 소수로 표현할 수 있단다. 0.01(영점 영일)로 표현한다.

아이들 : 와! 과연 우리들은 천재. $\frac{1}{100}$ 이 10개가 되면 $\frac{10}{100}$ 이 되어 $\frac{1}{10}$ 이 되고,

$\frac{1}{10}$ 이 10개가 되면 1이 되고, 자연수와 똑같구나.

그럼 몸짓춤은 어떻게 해요?

문지기 : 소수 0.01의 몸짓춤은 무릎춤이란다.

아이들은 소수가 참 재미있었습니다.

문지기 : 소수를 색카드로도 표현할 수 있어. 0.1은 검정색, 0.01은 회색으로 약속했단다.

짝과 같이 소수 몸짓춤을 계속해 보렴.

〈양 손바닥으로 무릎 1번 치기〉

◀ 무릎춤 사진 0.01($\frac{1}{100}$)

수	엉덩이춤과 무릎춤	무릎춤만
0.02(영점 영이)		
0.13(영점 일삼)		
0.49(영점 사구)		

④ 소수 셋째 자리

문지기 : 이번에는 1000명이 놀러 왔네. 좋아요. 여기 금이 1kg이 있단다. 너희들 1000명에게 금을 똑같이 나누어 주고 싶은데, 1사람이 금 얼마를 받겠니?

아이들 : 1kg의 금을 1000사람이 나누자. 1000명이 나누어야 하므로 분모는 1000이 된다. $\frac{1}{1000}$kg을 받을 수 있어요.

문지기 : 얘들아, $\frac{1}{1000}$kg을 소수로 표현해 보렴.

아이들 : 지금까지 배운 것을 생각해서 만들어 보자.

$\frac{1}{10}$일 때 0.1,

$\frac{1}{100}$일 때 0.01,

$\frac{1}{1000}$일 때는 0.001(영점 영영일)kg.

우리들도 이젠 **수학나라**의 규칙을 잘 알 수 있을 것 같아요.
그럼 몸짓춤은 신체의 어디일까?
또 색카드는 무슨 색일까? 궁금해요.

문지기 : 너희들이 생각해 보렴. 엉덩이, 무릎, 이렇게 내려가니 다음엔 어디로 하면 좋겠니?

아이들 : 음, 발로 가면 좋겠어요.

문지기 : 그래, 0.001은 '발등춤'으로 하기로 했단다. 색카드는 0.1은 검정색, 0.01은 회색의 무채색을 썼으니 0.001은 흰색을 쓰기로 했단다.

〈양 손바닥으로 발등 1번 치기〉

◀ 발등춤 사진 0.001($\frac{1}{1000}$)

수	허리춤, 엉덩이춤, 무릎춤, 발등춤	처음 수에 0.001을 더한 몸짓춤
1.219		
0.379		
9.009		
0.999		

문지기 : 애들아, 다음의 분수들을 보고 몸짓춤으로 표현해 보렴.

$$\frac{1}{1000}, \frac{7}{1000}, \frac{10}{1000}, \frac{15}{1000}, \frac{10}{100}, \frac{52}{100}, \frac{1}{10}, \frac{9}{10}$$

아이들 : 분수 몸짓춤은 안 배웠는데….

문지기 : 잘 생각해 보렴.

아이들 : 할 수 있어요. 분수의 분모가 10, 100, 1000일 때는 소수로 표현할 수 있으니 몸짓춤을 출 수 있어요.

문지기 : 잘했다. 분수와 소수는 어떤 관계라고 말할 수 있겠니?

아이들은 어떤 말로 표현할지 많이 생각하기로 했어요.

놀이 건너가세요

〈방법 : 두 편으로 나눠 1m 간격으로 마주 보며 서기〉

〈놀이를 통한 소수의 개념 익히기〉

① $\frac{5}{10}$ 는 소수로 0.5이다(맞으면 건너가기).

② 0.005를 분수로 표현하세요(쪽지에 써서 건너간다).

③ 0.001은 1을 100개로 나눈 것이다(맞으면 건너가기).

④ 0.01은 1을 100개로 나눈 것 중의 1개이다(맞으면 건너가기).

⑤ 0.5는 (   )을 10개로 나눈 것 중에 (   )개이다.

⑥ 0.325는 1을 (   )개로 나눈 것 중에 (   )이다.

⑦ 소수는 십진수이다. 즉 <u>10개가 되면 한 자리 올라간다.</u>

놀이 경찰관 아저씨, 잃어버린 친구를 찾아 주세요

① 경찰관 1명을 뽑은 후 보거나 듣지 못하게 다른 곳으로 보낸다(교실 밖).

② 남아 있는 학생들은 잃어버린 수나 식을 정한다(예 잃어버린 수 0.36).

③ 학생들이 크게 외친다. "경찰관 아저씨 잃어버린 소수를 찾아 주세요."

④ 경찰관이 나타나서 한 사람에게 묻는다. "어떤 소수를 잃어버렸습니까?"

⑤ 학생이 답한다. "0.3보다 큰 소수입니다."

⑥ 경찰관은 5명에게 질문을 하고 답을 찾아 준다.

⑦ 학생들은 직접적인 답을 말하지 않고, 근접한 답만 알려 준다(예 분모는 100입니다. 0.4보다 작습니다. 0.35보다는 큽니다. 무릎춤이 7번보다 적어요 등).

⑧ 집에서 2명이 놀이할 수도 있다.

놀이 나는 여러분을 사랑합니다

① "나는 여러분을 사랑합니다. 그중에서 특별히 0.3은 0.01이 몇 개인지 아는 사람을 사랑합니다."

할 수 있는 사람은 답을 쪽지에 쓴 후 자기의 자리에서 떠나 다른 자리로 무작위로 가서 앉는다. 못하는 사람은 그대로 자기의 자리에 앉아 있으며 놀이는 계속된다.

② 예시 : 0.01이 15개면 얼마인지 아는 사람을 사랑합니다. 0.125는 0.001이 몇 개인지 아는 사람을 사랑합니다 등.

 **0.2＋0.3**

① 의미

0.2와 0.3을 모으기 하면 합은 얼마인가?

② 색카드

소수 첫째 자리는 검정 카드로 약속한다.

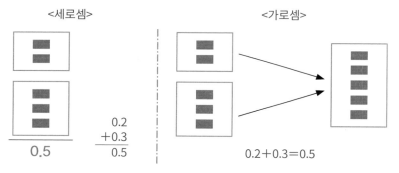

③ 수 맵

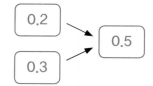

 놀이 **건너가세요**

① 0.2＋0.4를 수 맵으로 그린 사람은 건너가세요.

② 0.2＋0.4를 세로셈으로 계산한 사람은 건너가세요.

③ 0.2＋0.4의 몸짓춤을 춘 사람은 건너가세요.

 **02** **0.5−0.2**

① **색카드**

<세로셈>

<가로셈>

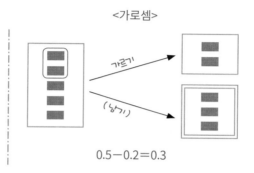

$$0.3$$

$$\begin{array}{r} 0.5 \\ -0.2 \\ \hline 0.3 \end{array}$$

$$0.5-0.2=0.3$$

② **수 맵**

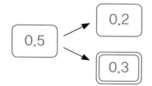

놀이 **건너가세요**

① 0.7−0.2를 세로셈으로 계산한 사람은 건너가세요.

② 0.7−0.2를 수 맵으로 그린 사람은 건너가세요.

③ 0.9−0.7을 세로셈으로 계산한 사람은 건너가세요.

④ 0.9−0.2를 수 맵으로 그린 사람은 건너가세요.

★ **핵심 정리**

※ 소수의 덧셈과 뺄셈의 관계

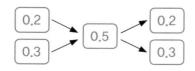

$$0.3+0.2=0.5$$
$$0.5-0.2=0.3$$
$$0.2+\boxed{}=0.5$$
$$\boxed{}-0.3=0.2$$

03 3.5＋0.7

① 의미

3.5와 0.7을 모으기 하면 합은 얼마인가?

② 색카드

이모티콘에서는 무슨
말을 할까요?
큰 소리로 말하시오

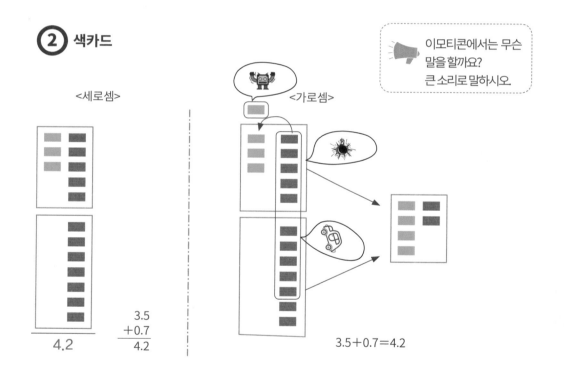

<세로셈>

$$\begin{array}{r} 3.5 \\ +0.7 \\ \hline 4.2 \end{array}$$

4.2

<가로셈>

3.5＋0.7＝4.2

 놀이 건너가세요

① 4.7＋0.5의 수 맵을 그린 사람은 건너가세요.

② 5.9＋0.8의 세로셈 계산을 한 사람은 건너가세요.

③ 8.2＋0.9의 색카드를 놓은 사람은 건너가세요.

④ 3.5＋0.7의 몸짓춤을 출 수 있는 사람은 건너가세요.

 **04** 4.2−3.5

① **의미**

4.2에서 3.5를 가르기 하면 차는 얼마인가?

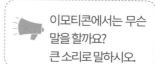
이모티콘에서는 무슨 말을 할까요?
큰 소리로 말하시오.

② **색카드**

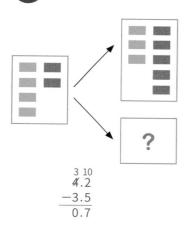

$$\begin{array}{r} {\scriptstyle 3\ 10} \\ 4.2 \\ -3.5 \\ \hline 0.7 \end{array}$$

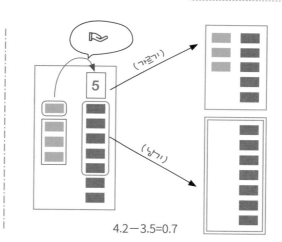

4.2−3.5=0.7

 놀이 **건너가세요**

① 4.2−3.5의 수 맵을 그린 사람은 건너가세요.

② 5.5−3.7의 세로셈 계산을 한 사람은 건너가세요.

③ 9.2−8.5의 수 맵을 그린 사람은 건너가세요.

④ 9.2−8.5의 세로셈 계산을 한 사람은 건너가세요.

★ 핵심 정리

※ 소수의 덧셈과 뺄셈의 관계

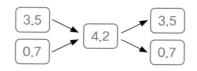

4.2−3.5=0.7

4.2−☐=3.5

3.5+0.7=4.2

☐+3.5=4.2

 **0.15＋0.24**

① 의미

0.15와 0.24를 모으기 하면 합은 얼마인가? (소수 둘째 자리는 회색 카드로 약속한다.)

② 색카드

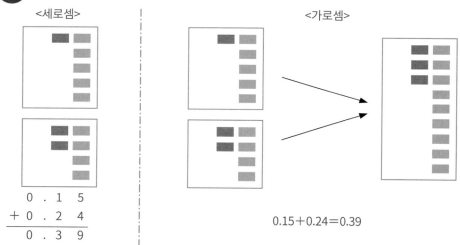

<세로셈>

$$
\begin{array}{r}
0\,.\,1\quad 5 \\
+\ 0\,.\,2\quad 4 \\
\hline
0\,.\,3\quad 9
\end{array}
$$

<가로셈>

0.15＋0.24＝0.39

③ 몸짓 소수 덧셈

① 엉덩이춤 1번과 2번 ⟶ | 0.39 |

② 무릎춤 5번과 4번 ⟶

 놀이 **건너가세요**

① 0.15와 0.24의 모으기 수 맵을 그린 사람은 건너가세요.

② 0.53과 0.14의 모으기 수 맵을 그린 사람은 건너가세요.

③ 3.63과 2.24의 모으기 수 맵을 그린 사람은 건너가세요.

④ 5.72와 2.15의 모으기 세로셈을 한 사람은 건너가세요.

02 **0.39−0.15**

① **의미**

0.39에서 0.15를 가르기 하면 차는 얼마인가?

② **색카드**

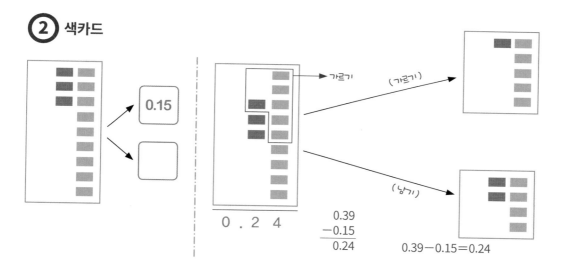

$$\begin{array}{r} 0.39 \\ -0.15 \\ \hline 0.24 \end{array}$$

0.39−0.15=0.24

③ **몸짓 소수 뺄셈**

0.39(엉덩이춤 3번, 무릎춤 9번)에서 0.15(엉덩이춤 1번, 무릎춤 5번)를 뺀다(손바닥을 밖으로 향하게 한다).

 놀이 **건너가세요**

① 0.49에서 0.13을 가르기 한 것의 수 맵을 그린 사람은 건너가세요.
② 0.85에서 0.42를 가르기 한 것의 수 맵을 그린 사람은 건너가세요.
③ 0.49에서 0.13을 가르기 한 것의 세로셈을 쓴 사람은 건너가세요.
④ 0.85에서 0.42를 가르기 한 것의 세로셈을 쓴 사람은 건너가세요.

소수

4. 소수×자연수

---

01 1.2×3

① 의미

1.2개 묶음이 3개이다. 곱은 얼마인가? (1.2개 묶음의 3배의 곱은 얼마인가?)

② 몸짓 소수 곱셈

①		②
허리춤 1번	을 3번	허리춤 1번을 3번
엉덩이춤 2번		엉덩이춤 2번을 3번

③ 색카드

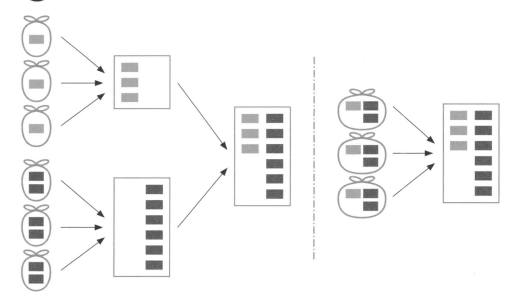

ㅣ잠ㅣ깐ㅣ만ㅣ요ㅣ 덧셈과 뺄셈은 나의 것 과 너의 것 을 두고 서로 모으거나 가르기를 한다.

곱셈은 나의 것 , 즉 한 사람 것을 중심으로 계산이 이루어진다.

④ 수 맵

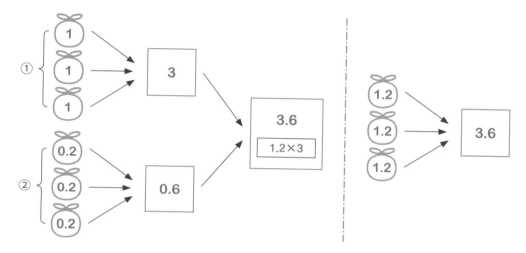

⑤ 수학나라 말

① 분수로 : $1.2 \times 3 = \dfrac{12}{10} \times 3 = \dfrac{12 \times 3}{10} = \dfrac{36}{10} = 3.6$

② 세로셈 :

$$
\begin{array}{r}
1.2 \\
\times\ 3 \\
\hline
6 \\
3 \\
\hline
3.6
\end{array}
$$

$6 \rightarrow$ (⓪2가 3개, 수 맵 ②)
$3 \rightarrow$ (①이 3개, 수 맵 ①)
$3.6 \rightarrow$ (0.6과 3의 합 : 3.6)

$$\Rightarrow \begin{array}{r} 1.2 \\ \times\ 3 \\ \hline 3.6 \end{array}$$

 놀이 **건너가세요**

① 2.4×3을 세로셈으로 계산할 수 있는 사람은 건너가세요(쪽지에 쓰기).

② 3.3×3을 세로셈으로 계산할 수 있는 사람은 건너가세요.

③ 소수 첫째 자리×자연수의 식과 곱을 쓰시오(학습자가 쓰고 싶은 대로 씁니다). 이끔이가 말합니다. "곱이 7.5보다 작으면 건너가세요."

소수

4. 소수×자연수

02 2.31×2

① 의미

2.31개 묶음이 2개이다. 곱은 얼마인가? (2.31개 묶음의 2배의 곱은 얼마인가?)

② 몸짓 소수 곱셈

①

허리춤 2번	
엉덩이춤 3번	을 2번
무릎춤 1번	

②

허리춤 2번을 2번
엉덩이춤 3번을 2번
무릎춤 1번을 2번

③ 색카드

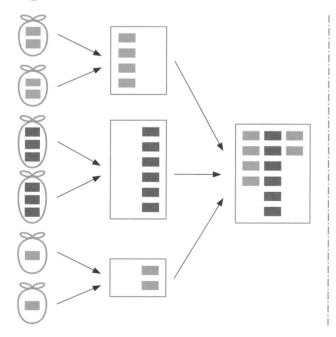

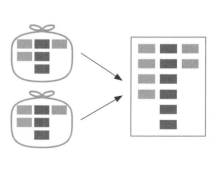

④ 수 맵

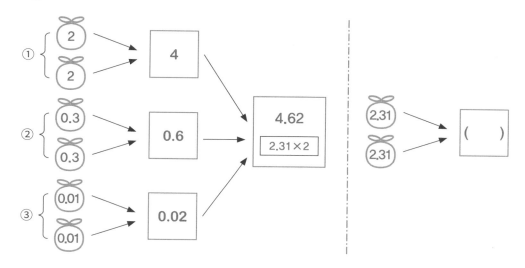

⑤ 수학나라 말

① 분수로 : $2.31×2=\dfrac{231}{100}×2=\dfrac{231×2}{100}=\dfrac{462}{100}=4.62$

② 세로셈 :

$$
\begin{array}{r}
2.31 \\
\times\ \ \ 2 \\
\hline
2 \\
6 \\
4 \\
\hline
4.62
\end{array}
$$

2 → (0.01의 2배, 수 맵 ③)
6 → (0.3의 2배, 수 맵 ②)
4 → (2의 2배, 수 맵 ①)
4.62 → (0.02와 0.6과 4의 합 : 4.62)

$$
\Longrightarrow\quad
\begin{array}{r}
2.31 \\
\times\ \ \ 2 \\
\hline
4.62
\end{array}
$$

 놀이 나는 여러분을 사랑합니다

① 나는 3.22×3을 분수로 계산할 수 있는 사람을 사랑합니다.

② 나는 4.23×3을 세로셈으로 계산할 수 있는 사람을 사랑합니다.

③ 나는 2.33×3을 분수로 계산할 수 있는 사람을 사랑합니다.

④ 나는 2.22×2를 세로셈으로 계산할 수 있는 사람을 사랑합니다.

다섯째 나라

소수

5. 소수×소수

01 **0.3×0.4**

① 의미

0.3의 0.4배는 얼마인가? (나의 것 0.3의 0.4배는 얼마인가?)

0.4는 4×0.1이다. $0.3×0.4=0.3×\underline{4×0.1}$

$=0.3×4×\dfrac{1}{10}$

$=0.3×4÷10$

② 색카드

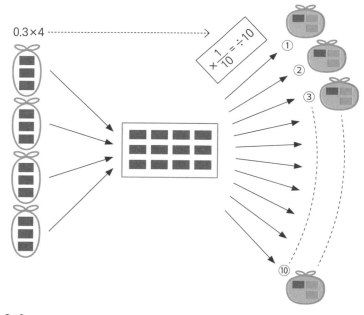

0.3×4 ....→ $× \dfrac{1}{10} = ÷10$

① ② ③ ⑩

①~⑩은 1.2를 10사람에게 나눈다는 뜻.

1사람이 갖는 양(몫)은 0.12이다.

〈등분제〉

놀이 **건너가세요**

① 0.2×0.3=0.2×3×( )에 알맞은 소수를 넣을 수 있는 사람은 건너가세요.

② 0.2×0.3=0.2×3×0.1=0.2×3×( )에 알맞은 분수를 넣을 수 있는 사람은 건너가세요.

③ 수 맵

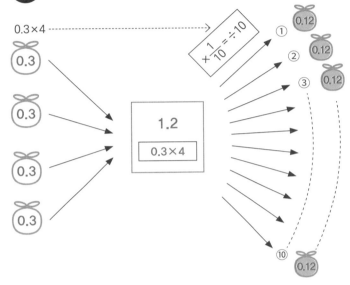

0.3×4

$\times \frac{1}{10} = \div 10$

1.2

0.3×4

① ~ ⑩은 1.2를 10사람에게
나눈다는 뜻.
1사람이 0.12를 갖는다(몫).
〈등분제〉

④ 몸짓 소수 곱셈

0.3은 엉덩이춤을 3번 춘다. 엉덩이춤 3번을 4번 추면 1.2이다(0.3×4=1.2).

$0.3×0.4=0.3×4×\frac{1}{10}$ 이므로 1.2에서 한 단계 아래로 오면 0.12, 즉 엉덩이춤 1, 무릎춤 2가 된다.

⑤ 수학나라 말

① 분수로 : $0.3×0.4=\frac{3}{10}×\frac{4}{10}=\frac{12}{100}=0.12$

② 세로셈 :
$\begin{array}{r} 0.3 \\ \times\,0.4 \\ \hline \end{array}$
$\Longrightarrow$
$\begin{array}{r} 3 \\ \times\,4 \\ \hline 12 \end{array}$
$\Longrightarrow$
0.3의 10배
0.4의 10배

즉, 100배를 해서 12이므로 100으로 나누면
0.12가 된다.

놀이 건너가세요

① $0.6×0.4=0.6×(\quad)×\frac{1}{10}$에 알맞은 수를 넣은 사람은 건너가세요.

② $×\frac{1}{10}$이 ÷10과 같은 이유를 설명할 수 있는 사람은 건너가세요.

02 0.42×0.3

1 의미

0.42가 0.3개 있으면 곱은 얼마인가? (나의 것 0.42가 0.3개 있으면 얼마인가?)

> **질문 : 0.42×0.3과 0.42×1 중에서 어느 것이 클까? 이유는 무엇인가?**

2 색카드

$$0.42 \times 0.3 = 0.42 \times \frac{3}{10} = 0.42 \times 3 \times \frac{1}{10} = 0.42 \times 3 \div 10$$

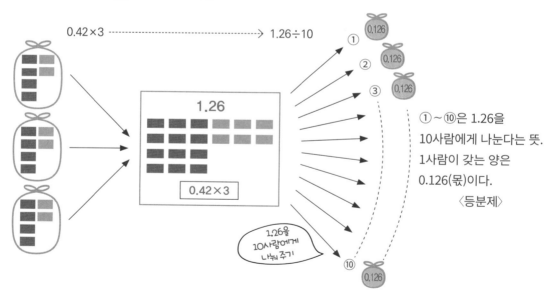

①~⑩은 1.26을 10사람에게 나눈다는 뜻.
1사람이 갖는 양은 0.126(몫)이다.
〈등분제〉

놀이   건너가세요

① 0.52×0.6=0.52×6×(   )에 알맞은 소수를 넣은 사람은 건너가세요.

② (   ) 속의 소수 대신에 분수로 고칠 수 있는 사람은 건너가세요.

③ 수 맵

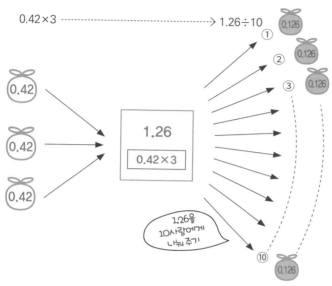

0.42×3 ----------------------------→ 1.26÷10

①～⑩은 1.26을 10사람에게 나눈
다는 뜻.

⬤0,126을 10사람에게 나누면
1사람의 몫은 0.126이 된다는 뜻.

(즉, 등분제이다.)

④ 몸짓 소수 곱셈

0.42는 엉덩이춤 4, 무릎춤 2이다. 0.42×3, 이것을 3번 추면 곱은 1.26이다. 그런데, 3이 아니고 0.3이므로
$\frac{1}{10}$, 즉 한 단계 내려와서 0.126이 된다.

⑤ 수학나라 말

① 분수로 : $0.42 \times 0.3 = \frac{42}{100} \times \frac{3}{10} = \frac{42 \times 3}{100 \times 10} = \frac{126}{1000} = 0.126$

② 세로셈 :
$$\begin{array}{r} 0.42 \\ \times\ 0.3 \end{array} \xrightarrow[\text{(10배)}]{\text{(100배)}} \begin{array}{r} 42 \\ \times\ 3 \\ \hline 126 \end{array} \xrightarrow{\text{(1000으로 나누기)}} \begin{array}{r} 0.42 \\ \times\ 0.3 \\ \hline 0.126 \end{array}$$

 🎵 놀이 건너가세요

① $\frac{126}{1000}$을 소수로 표현한 사람은 건너가세요. (예 $\frac{513}{1000}$, $\frac{409}{1000}$)

② $1.26 \times \frac{1}{10}$은 얼마인지 아는 사람은 건너가세요.

소수

6. 소수÷자연수

01 2.6÷2

① 의미

2.6을 2사람에게(겉) 나눌 때 1사람씩의 몫(속)은 얼마인가?

② 색카드

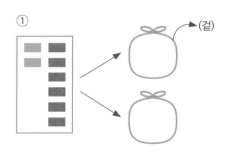

①   (겉)

②

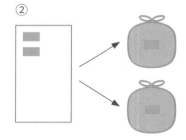

③

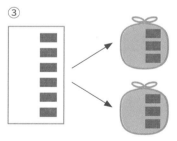

④

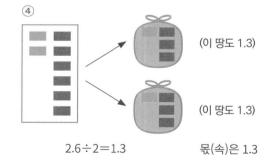

(이 땅도 1.3)

(이 땅도 1.3)

2.6÷2=1.3   몫(속)은 1.3

③ 수 맵

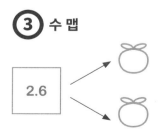

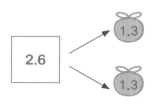

④ 몸짓 나눗셈

허리춤 2번, 엉덩이춤 6번을 2군데로 똑같이 나눈다(손바닥을 밖으로 향하기).

⑤ 수학나라 말

① 분수로 : $2.6 \div 2 = \dfrac{26}{10} \div 2 = \dfrac{\overset{13}{\cancel{26}}}{10} \times \dfrac{1}{\underset{1}{\cancel{2}}} = \dfrac{13}{10} = 1.3$

② 세로셈 :

$$
\begin{array}{r}
1\ .\ 3 \\
2\,\overline{)\boxed{2}\,.\boxed{6}} \\
2 \\
\hline
6 \\
6 \\
\hline
0
\end{array}
$$

분홍 카드 2장을 2사람에게 1장씩을 주고,
검정 카드 6장을 2사람에게 3장씩 준다.
몫은 1.3이다.
$2.6 \div 2 = 1.3$

 놀이 아이 앰 그라운드

① 4박자의 놀이다(양 손바닥을 허벅지 → 손뼉 → 오른손 엄지 → 왼손 엄지 순서).

② 아이 앰 그라운드 "소수를 분수로 고치기 놀이"(박자에 맞춰 말하기).

③ 이끔이가 "2.6"하면 학생은 "$\dfrac{26}{10}$", 이끔이가 "3.5"하면 학생은 "$\dfrac{35}{10}$"한다.

④ 아이 앰 그라운드 "나누기를 곱하기로 고치기 놀이" 한 후 이끔이가 "÷3" 하면 학생은 "$\times \dfrac{1}{3}$", 이끔이가 "÷5"하면 학생은 "$\times \dfrac{1}{5}$"한다.

⑤ 아이 앰 그라운드 "곱하기를 나누기로 고치는 놀이" 한 후 이끔이가 "$\times \dfrac{1}{4}$" 하면, 학생은 "÷4", 이끔이가 "$\times \dfrac{1}{6}$" 하면 학생은 "÷6"한다.

02 1.6÷4

① 의미

1.6을 4사람에게(겉) 나눌 때 1사람씩 얼마를 가질까? (1사람의 몫(속)은 얼마인가?)

② 색카드

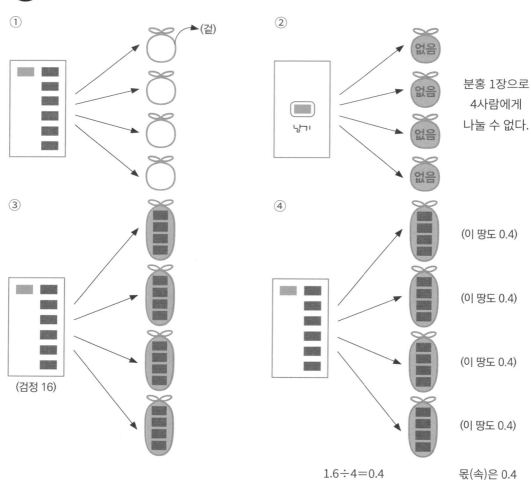

① (겉)

② 없음 없음 없음 없음

분홍 1장으로
4사람에게
나눌 수 없다.

③ (검정 16)

④ (이 땅도 0.4) (이 땅도 0.4) (이 땅도 0.4) (이 땅도 0.4)

1.6÷4=0.4

몫(속)은 0.4

③ 수 맵

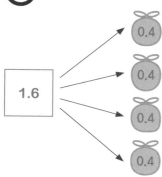

④ 수학나라 말

① 분수로 : $1.6÷4=\dfrac{16}{10}÷4=\dfrac{\overset{4}{\cancel{16}}}{10}×\dfrac{1}{\underset{1}{\cancel{4}}}=\dfrac{4}{10}=0.4$

② 세로셈 :

$$
\begin{array}{r}
0\,.\,4 \\
4\,\overline{)\,1\,.\,6\,} \\
1\ \ 6 \\
\hline
0
\end{array}
$$

분홍 카드 1장을 4사람에게 못 준다.

검정 카드 16장이 되어 4사람에게 나누면 검정 카드 4장이 몫이 된다.

 놀이 나는 여러분을 사랑합니다

① 이끔이가 말한다. "나는 여러분을 사랑합니다. 그중에서 특히 1.2÷4를 수 맵으로 그리는 사랑을 사랑합니다."

② 문제를 해결한 사람은 쪽지를 들고 다른 자리로 이동을 하고, 해결을 못 한 사람은 그대로 자리에 있으면서 놀이는 계속된다.

③ 나는 5.6÷7을 세로셈으로 해결하는 사람을 사랑합니다. (예 8.1÷9, 7.2÷8)

④ 나는 8.1÷9를 분수로 계산할 수 있는 사람을 사랑합니다.

⑤ 나는 6.4÷8를 분수로 계산할 수 있는 사람을 사랑합니다.

03 5.6÷5

① 의미

5.6을 5사람에게(겉) 나누면 1사람씩 갖는 몫(속)은 얼마인가?

② 색카드

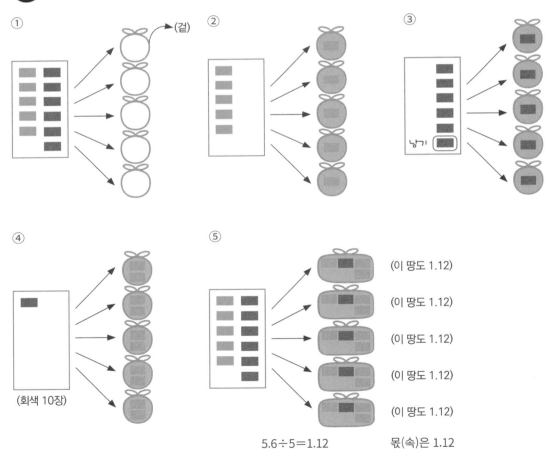

5.6÷5＝1.12   몫(속)은 1.12

③ 수 맵

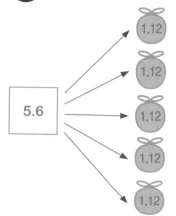

5.6

1.12
1.12
1.12
1.12
1.12

1사람씩 갖는 몫(속)은
1.12이다.

④ 수학나라 말

① 분수로 : $5.6 \div 5 = \dfrac{56}{10} \div 5 = \dfrac{\overset{11.2}{\cancel{56}}}{10} \times \dfrac{1}{\underset{1}{\cancel{5}}} = 1.12$

② 세로셈 :

$$
\begin{array}{r}
1.12 \\
5\,\overline{)\,5\,.\,6} \\
\underline{5} \\
6 \\
\underline{5} \\
1\,0 \\
\underline{1\,0} \\
0
\end{array}
$$

놀이 **나는 여러분을 사랑합니다**

① 나는 여러분을 사랑합니다. 5.4÷4의 세로셈을 할 수 있는 사람을 사랑합니다.

② 예시 : 3.7÷2, 7.4÷5, 4.6÷4

③ ÷5가 $\times \dfrac{1}{5}$과 같은 이유를 설명할 수 있는 사람을 사랑합니다.

04 10.1÷2

① 의미

10.1을 2사람(겉)에게 나누면 1사람씩 갖는 몫(속)은 얼마인가?

② 색카드

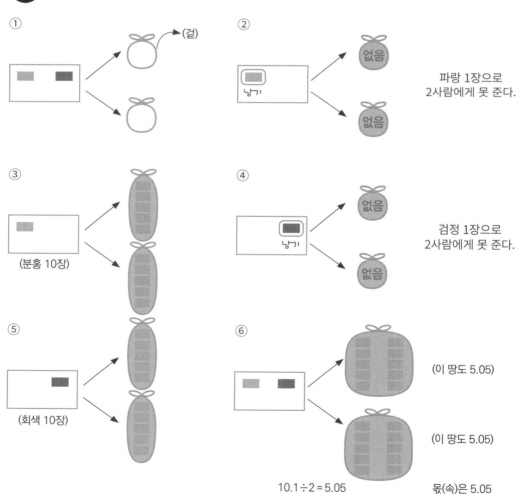

①

②

파랑 1장으로
2사람에게 못 준다.

③

(분홍 10장)

④

(낡기)

검정 1장으로
2사람에게 못 준다.

⑤

(회색 10장)

⑥

(이 땅도 5.05)

(이 땅도 5.05)

10.1÷2 = 5.05

몫(속)은 5.05

③ 수 맵

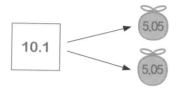

④ 수학나라 말

① 분수로 : $10.1 \div 2 = \dfrac{101}{10} \div 2 = \dfrac{\overset{101}{\cancel{101}}}{10} \times \dfrac{1}{\underset{1}{\cancel{2}}} = \dfrac{\overset{50.5}{50.5}}{10} = 5.05$

② 세로셈 :

```
        5 . 0 5
    ┌─────────
  2 ) 1 0 . 1
      1 0
      ─────────
          1 0
          1 0
        ─────────
             0
```

파랑 카드 1장으로 2사람에게 못 준다.

분홍 카드 10장이 되어 2사람에게 분홍 카드 5장씩 준다.

검정 카드 1장으로 2사람에게 못 나눠 준다.

회색 카드 10장이 되어 2사람에게 회색 카드 5장씩 준다.

몫은 5.05이다.

 놀이 나는 여러분을 사랑합니다

① 나는 여러분을 사랑합니다. 그중에서 특히 18.3÷6을 세로셈으로 해결할 수 있는 사람을 사랑합니다(쪽지에 쓰기).

② 나는 18.3÷6을 분수로 계산할 수 있는 사람을 사랑합니다.

③ 예시 : 30.4÷5, 16.2÷4, 24.2÷4

05 **31.32÷3**

① 의미

31.32를 3사람(겉)에게 나누면 1사람씩 얼마(속)를 가질까요?

② 색카드

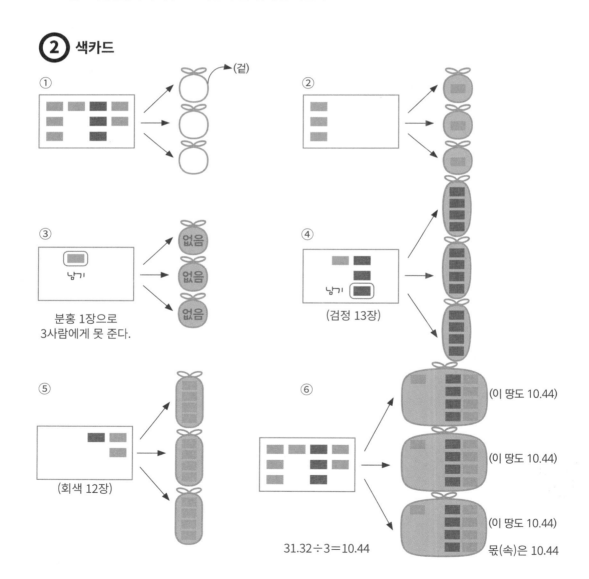

① (겉)

②

③ 없음 없음 없음
분홍 1장으로
3사람에게 못 준다.

④ 남기 □
(검정 13장)

⑤
(회색 12장)

⑥ (이 땅도 10.44)
(이 땅도 10.44)
31.32÷3＝10.44
(이 땅도 10.44)
몫(속)은 10.44

다섯째
나라

소수

6. 소수÷자연수

③ 수 맵

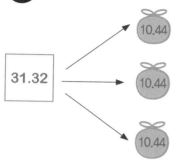

④ 수학나라 말

① 분수로 : $31.32 \div 3 = \dfrac{3132}{100} \div 3 = \dfrac{\overset{1044}{\cancel{3132}}}{100} \times \dfrac{1}{\underset{1}{\cancel{3}}} = \dfrac{1044}{100} = 10.44$

② 세로셈 :

```
        1 0 . 4 4
    3 ) 3 1 . 3 2
        3
        1 3
        1 2
          1 2
          1 2
            0
```

파랑 카드 3장을 3사람에게 1장씩 준다.

분홍 카드 1장은 3사람에게 못 준다. 분홍 카드 묶은 0이다.

검정 카드 13장(분홍 카드 1장+검정 카드 3장)은 3사람에게 4장씩 주고 1이 남는다.

회색 카드 2장과 검정 카드 1장이 합쳐 회색 카드 12장이 되고 3사람에게 4장씩 준다.

목은 10.44이다.

놀이 나는 여러분을 사랑합니다

① 나는 91.44÷4를 세로셈으로 계산할 수 있는 사람을 사랑합니다.

② 나는 12.56÷4를 분수로 계산할 수 있는 사람을 사랑합니다.

③ ÷4가 $\times \dfrac{1}{4}$과 같은 이유를 설명할 수 있는 사람을 사랑합니다.

01 1.6 ÷ 0.4

① 의미

1.6 속에는 0.4개씩(속) 묶음이 몇 묶음(겉)이 포함될까?

🔵 등분제에서는 1사람씩 갖는 양이 얼마인가로 해석한다(제수가 자연수임). 그러나 제수가 소수 혹은 분수일 때는 1사람씩 갖는 양으로 표현하기 곤란하므로 제수를 기준(제수를 1묶음)으로 몇 묶음이 되는가(포함)로 해석한다. 이를 '포함제'라 한다.

② 색카드

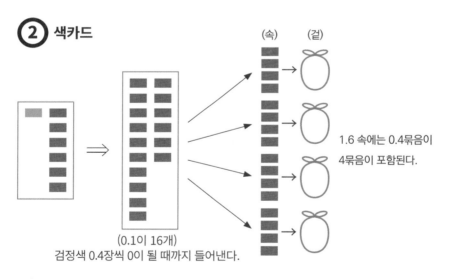

(속)   (겉)

1.6 속에는 0.4묶음이
4묶음이 포함된다.

(0.1이 16개)
검정색 0.4장씩 0이 될 때까지 들어낸다.

③ 수 맵

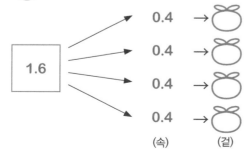

1.6

0.4 →
0.4 →
0.4 →
0.4 →
(속)   (겉)

l 잠 l 깐 l 만 l 요 l 이 나눗셈은 1묶음에 0.4개씩이라고 (속)은 이미 정해져 있다.

그것이 몇 묶음(겉)이 되는가를 구하는 것이다.

④ 수학나라 말

① 분수로 : $1.6 \div 0.4 = \dfrac{16}{10} \div \dfrac{4}{10} = \dfrac{\overset{4}{\cancel{16}}}{\underset{1}{\cancel{10}}} \times \dfrac{\overset{1}{\cancel{10}}}{\underset{1}{\cancel{4}}} = 4$ (16÷4로 계산해도 됨)

혹은 $\dfrac{16}{10} \div \dfrac{4}{10}$ 는 분모가 같으므로 $16 \div 4 = 4$ 로 해결해도 된다.

② 세로셈 : $0.4\,\overline{\smash{)}\,1.6}$ $\implies$ $4\,\overline{\smash{)}\,16}$ 의 몫 4

제수 10배
피제수도 10배

$$4\,\overline{\smash{)}\,16} \\ \underline{16} \\ 0$$

● 나눗셈은 기준(제수)을 중심으로 비교되는 양(피제수)이 몇 배인가를 구하는 것이다. 제수와 피제수를 같은 배수(10배, 100배 등)로 해서 몫을 구하면 몫에는 변화가 없다.

놀이 건너가세요

① $3.2 \div 0.8$ 일 때는 '3.2 속에는 0.8이 몇 번 포함되는가?' 하는 포함제로 해석한다. 맞으면 건너가세요.
② $3.2 \div 0.8$ 일 때는 등분제로 해석해서 계산한다. 맞으면 건너가세요
③ $4.5 \div 0.9$ 를 수 맵으로 그릴 수 있는 사람은 건너가세요.

놀이 나는 여러분을 사랑합니다

① 나는 $3.2 \div 0.8 = \dfrac{32}{10} \div \dfrac{8}{10} = 32 \div 8$ 로 고칠 수 있는 이유를 아는 사람을 사랑합니다(이유를 쪽지에 쓰기).
② 나는 $6.3 \div 0.9$ 를 세로셈 $9\,\overline{\smash{)}\,63}$ 로 고칠 수 있는 이유를 아는 사람을 사랑합니다.
③ 나는 $2.7 \div 0.9$ 를 수 맵으로 그릴 수 있는 사람을 사랑합니다.
④ 나는 $1.8 \div 0.6$ 을 색카드로 놓을 수 있는 사람을 사랑합니다.
⑤ 나는 $4.5 \div 0.5$ 를 수 맵으로 그릴 수 있는 사람을 사랑합니다.
⑥ 나는 $4.5 \div 0.5$ 를 분수로 계산할 수 있는 사람을 사랑합니다.

02 3.45÷0.69

① 의미

3.45 속에는 0.69개씩(속) 묶음이 몇 번(겉) 포함되는가? (포함제)

② 수학나라 말

① 분수로 : $3.45 \div 0.69 = \dfrac{345}{100} \div \dfrac{69}{100} = \dfrac{\overset{5}{\cancel{345}}}{\underset{1}{\cancel{100}}} \times \dfrac{\overset{1}{\cancel{100}}}{\underset{1}{\cancel{69}}} = 5$

혹은 분모가 같으므로 345÷69=5… 이렇게 계산해도 된다.

② 세로셈 : $0.69\,\overline{)\,3.45}$ $\xrightarrow{\ 100배\ }$ $69\,\overline{)\,345}$

$$
\begin{array}{r}
5 \\
69\,\overline{)\,345} \\
345 \\
\hline
0
\end{array}
$$

③ 수 맵

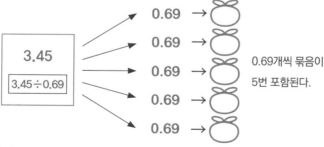

3.45
3.45÷0.69

0.69 →
0.69 →
0.69 →
0.69 →
0.69 →

0.69개씩 묶음이
5번 포함된다.

놀이 건너가세요

① 2.65÷0.53을 분수로 계산한 사람은 건너가세요.
② 2.94÷0.42를 세로셈으로 계산한 사람은 건너가세요.
③ 5.25÷0.75를 분수로 계산한 사람은 건너가세요.
④ 5.16÷0.86을 세로셈으로 계산한 사람은 건너가세요.

03 19.44÷5.4

① 의미

19.44 속에는 5.4개씩(속) 묶음이 몇 번(겉) 포함되는가? (포함제)

② 수학나라 말

① 분수로 : $19.44 \div 5.4 = \dfrac{194.4}{10} \div \dfrac{54}{10} = 194.4 \div 54 = 3.6$

제수 5.4를 자연수로 만들어야 하므로 분모를 10으로 만들었다.

② 세로셈 : $5.4\overline{)19.44}$ $\Longrightarrow$ $54\overline{)194.4}$ $\Longrightarrow$

$$
\begin{array}{r}
3.6 \\
54\overline{)194.4} \\
\underline{162} \\
324 \\
\underline{324} \\
0
\end{array}
$$

제수를 10배 ⇒ 피제수도 10배

● 등분제는 **1사람**에게 돌아가는 양이므로 재수는 자연수가 되어야 한다.
  제수를 자연수로 만들면 되고, 피제수인 소숫점이 있어도 된다.

 놀이 건너가세요

① 2.52÷0.6에서 제수 0.6은 10배 하고, 피제수 2.52는 100배를 해서 자연수가 되게 한 다음 계산해야 한다(맞다고 생각하면 건너가세요).

② 2.52÷0.6에서 피제수 2.52를 100배 하면 제수 0.6도 100배를 해서 계산해야 한다.

③ 2.52÷0.6에서 제수 0.6을 10배 하고, 피제수 2.52도 10배를 해서 25.2로 만들어서 계산하면 좋다.

④ 14.19÷4.3을 세로셈으로 할 수 있는 사람은 건너가세요.

⑤ 21.12÷3.2를 세로셈으로 할 수 있는 사람은 건너가세요.

01 157 ÷ 3.14

① 의미

157 속에는 3.14(속)가 몇 번(겉) 포함되는가?

② 수학나라 말

① 분수로 : $157 \div 3.14 = \dfrac{15700}{100} \div \dfrac{314}{100} = \dfrac{\overset{50}{\cancel{15700}}}{\underset{1}{\cancel{100}}} \times \dfrac{\overset{1}{\cancel{100}}}{\underset{1}{\cancel{314}}} = 50$

3.14를 분수로 고치면 $\dfrac{314}{100}$가 되고, 157은 $\dfrac{15700}{100}$이 된다.(피재수는 관계 없으나 재수는 자연수가 되어야 한다)

$\dfrac{15700}{100} \div \dfrac{314}{100}$ 에서 분모가 같으므로 15700 ÷ 3.14로 해결해도 좋음.

② 세로셈 : $3.14\overline{)157}$ $\Longrightarrow$ $3.14.\overline{)15700}$ $\Longrightarrow$ $314\overline{)15700}$

$$\begin{array}{r} 50 \\ 314\overline{)15700} \\ \underline{1570} \\ 0 \end{array}$$

(100배) (100배)

 놀이 건너가세요

① 157 ÷ 3.14에서 제수 3.14는 소수 그대로 두고 계산해도 된다. 맞으면 건너가세요.

② 157 ÷ 3.14를 분수로 계산할 때 $\dfrac{15700}{100} \div \dfrac{314}{100}$ 는 15700 ÷ 314로 계산해도 되는 이유를 말할 수 있는 사람은 건너가세요.

 놀이 나는 여러분을 사랑합니다

① 나는 27 ÷ 4.5를 분수로 계산할 수 있는 사람을 사랑합니다.

② 나는 27 ÷ 4.5를 세로셈으로 계산할 수 있는 사람을 사랑합니다.

③ 나는 26 ÷ 3.25를 세로셈으로 계산할 수 있는 사람을 사랑합니다.

④ 나는 68 ÷ 1.36을 분수로 계산할 수 있는 사람을 사랑합니다.

⑤ 나는 12.25 ÷ 0.25를 세로셈으로 계산할 수 있는 사람을 사랑합니다.

삶과 교육을 바꾸는
맘에드림 출판사 교육 도서

나는 혁신학교에 간다

경태영 지음 / 값 14,000원

공교육을 바꾸겠다는 거대한 희망을 품고 시작된 '혁신학교'. 이 책은 일곱 개 혁신학교의 이야기를 담고 있다. 지금 우리 교육이 변화하는 생생한 현장의 모습과 아이들이 꿈을 키우고 행복하게 공부하는 희망의 터로 새롭게 자리매김하는 학교들을 이 책에서 만날 수 있다.

혁신학교란 무엇인가

김성천 지음 / 값 15,000원

교육공동체가 만들어내는 우리 시대 혁신학교 들여다보기. 혁신학교 전반에 관한 이야기를 다루고 있는 책으로, 공교육 안에서 혁신학교가 생기게 된 역사에서부터 혁신학교의 핵심 가치, 이론적 토대, 원리와 원칙, 성공적인 혁신학교의 모습을 보이고 있는 단위학교의 모습까지 담아냈다.

학부모가 알아야 할 혁신학교의 모든 것

김성천·오재길 지음 / 값 15,000원

학부모들을 위한 혁신학교 지침서!
'혁신학교에서는 무엇을, 어떻게 가르치고 있는지,
교사·학생·학부모는 어떻게 만나서 대화하고 관계를 맺어가는지,
어떤 교육 목표를 지향하고 있는지 등 이 책은 대한민국 학부모들의 궁금증에 친절하게 답을 한다.

덕양중학교 혁신학교 도전기

김삼진 외 지음 / 값 14,500원

이 책의 1부는 지난 4년 동안 덕양중학교가 시도한 혁신과 도전, 성장을 사실과 경험에 기반한 스토리텔링 방식의 성장기로 전개하고 있다. 그리고 2부는 지역사회와 협력하여 펼치고 있는 교육 프로그램, 배움의 공동체 수업 등을 현장 사례 중심의 교육적 에세이 형태로 담고 있다.

학교 바꾸기 그 후 12년

권새봄 외 지음 / 값 14,500원

MBC〈PD 수첩〉에 방영되어 화제가 되었던 남한산초등학교.
아이들이 모두 행복하고, 얼굴 표정이 밝은 아이들. 학교 가는 것을
무엇보다 좋아하고, 방학을 싫어하는 아이들. 수업과 발표를 즐겼던
이 학교를 졸업한 아이들이 그 후 12년의 삶을 세상에 이야기한다.

교사는 수업으로 성장한다

박현숙 지음 / 값 12,000원

그동안 교사는 수업에서 아이들을 만나지 못해왔다. 관계와 만남이
없는 성장의 결손을 낳았다. 그리하여 우리 아이들과 교사들은 모두
참 아프고 외로웠다. 이 책에서는 교사, 학생, 학부모, 지역사회가
공동체로서 서로 관계를 맺을 때에만 배움은 즐거운 활동으로서
모두가 성장하는 삶의 일부가 될 수 있음을 보여준다.

교사와 학부모가 함께 읽는 주제 통합 수업

김정안 외 지음 / 값 15,000원

'서울형 혁신학교'로 지정된 7개 혁신학교들이 지난 1~2년 동안
운영한 주제 중심 통합 교육과정과 수업 사례를 소개한 책이다. 이
학교들의 교육과정은 전국적으로 이루어지는 혁신학교들의 성과를
반영하였고, 자신의 지역사회의 실제 환경과 경험을 살려 실제
수업에 적용한 것이다.

혁신교육 미래를 말한다

서용선 외 지음 / 값 14,000원

혁신교육은 2009년 이후 공교육 되살리기의 새로운 희망이
되어왔다. 이러한 정책을 입안하고 추진하는 데 기여해왔던 6명의
교사 출신 연구자들이 혁신교육 발전에 필요한 정책 과제들을 모아
하나의 책으로 제시한다. 이 책은 교육철학, 교육과정, 교육행정과
학교 운영 등에서 주요 이슈들을 정리하고 혁신교육의 성과와
과제가 무엇인가를 보여준다.

수업을 살리는 교육과정

서우철 외 지음 / 값 16,500원

이 책에서는 개별 교과목과 교과서의 형식에 얽매이지 않고 아이들의 발달을 고려하여 주제를 중심으로 교육과정을 재구성하여 통합적으로 운영하는 방법과 구체적인 실천 사례를 설명하고 있다. 이러한 과정은 같은 학년을 맡고 있는 교사들의 토론과 협력을 통해서 이루어진 것임을 이야기한다.

수업 딜레마

이규철 지음 / 값 14,000원

이 책을 관통하는 키워드는 '사람'이다. 노하우를 전수하는 것이 아니라, 수업 속에서 딜레마에 맞닥뜨려 고통받고 있는 선생님들의 고민을 담고, 신념을 담고, 그것을 이겨내기 위한 한 분 한 분의 마음을 담고 있다. 이런 고민 속에 이 책을 집어든 나를 귀하게 여기며 다시 한 번 교사로 잘 살아보고 싶은 도전을 하게 한다.

좋은 엄마가 스마트폰을 이긴다

깨끗한미디어를위한교사운동 지음 / 값 13,500원

스마트폰은 '재미있고 편리하다.' 그러나 스마트폰 때문에 아이들은 시간을 빼앗기고, 건강이 나빠지고, 대화가 사라지며, 공부와 휴식, 수면마저 방해를 받는다. 이 책은 이러한 사례들을 생생하게 소개하고 부모들에게 아이들의 스마트폰 사용에 어떻게 대응해야 하는지 대안을 제시한다.

엄선생의 학급운영 레시피

엄은남 지음 / 값 14,000원

34년 경력의 현직 교사가 쓴 학급운영의 생동감 넘치는 지침서. 초등학교에서 아이들은 문자와 숫자를 익히는 것보다 학교와 교실에서 낯설고 모험적인 사건을 겪으면서 더 많은 것을 배운다. 이 책은 초등학교에서 교과서 지식보다 더 중요한 역할을 하는 학교생활과 학급문화를 만드는 데 있어 담임교사의 역할을 다룬다.

진짜 공부

김지수 외 지음 / 값 15,000원

12명의 졸업생들은 학교에서 탐방, 글쓰기, 독서, 발표, 토론, 연구, 동아리, 학생회 활동을 통해 자신들이 생각하지도 못한 진짜 공부를 경험했음을 보여준다. 이 책을 통해 수능시험이 아니라 정말로 청소년 스스로 하고 싶은 것을 즐기면서 성장하는 일이 우리 사회에 필요한 것임을 새삼 느낄 수 있다.

수업 디자인

남경운·서동석·이경은 지음 / 값 15,000원

아이들이 서로 협력하면서 배우는 수업을 목표로 삼은 저자들은 범교과 수업모임을 통한 공동 수업설계를 대안으로 제시한다. 아이들은 교사의 설명을 통해 배우는 것이 아니라 서로 '옥신각신'하며 함께 문제에 도전할 때 수업에 몰입하고 배우게 된다. 이 책은 이러한 수업을 위해서 교사들이 교과를 넘어 어떻게 협력하고 수업을 연구해야 하는지 잘 보여준다.

아이들이 가진 생각의 힘

데보라 마이어 지음 / 정훈 옮김 / 값 15,000원

이 책은 학교 혁신의 생생한 기록을 통해 우리가 학교에서 무엇을, 왜 가르치고 배워야 하는지에 대한 근원적인 성찰을 담고 있다. 아이들이 지성적으로 생각하는 마음의 습관을 배우는 것이 얼마나 중요하고 그것을 위해 학교가 무엇을 해야 하는지를 일깨워준다.

어! 교육과정? 아하! 교육과정 재구성!

박현숙·이경숙 지음 / 값 16,500원

이 책은 저자들이 학교 현장에서 교육과정 재구성이라는 화두를 고민하고, 실행한 사례들이 담겨져 있다. 책의 내용은 주제 통합 수업, 교과 통합 수업, 범교과 주제 학습, 교과 체험 학습, 프로젝트 수업 등 학교 현장에서 적용해 큰 성과를 본 것들을 세밀하게 소개하면서 교육과정 재구성 작업의 노하우를 펼쳐 보인다.

행복한 나는 혁신학교 학부모입니다

서울형혁신학교학부모네트워크 지음 / 값 16,000원

이 책은 학부모가 자신의 눈높이에서 일러주는 아이들의 혁신학교 적응기일 뿐만 아니라, 학부모 역시 학교를 통해 자신의 삶을 고양시켜가는 부모 성장기라는 점에서 대한민국의 모든 학부모들에게 건네는 희망 보고서이기도 하다. 혁신학교가 궁금한 모든 학부모들이 이 책을 통해 혁신학교 학부모로서의 체험을 미리 하는 데 부족함이 없을 것이다.

일반고 리모델링 혁신고가 정답이다

김인호 · 오안근 지음 / 값 15,000원

이 책은 무엇보다 '혁신학교는 대학 입시에 도움이 안 된다'는 세간의 편견을 말끔히 떨어 없앤다. 이 책에서 저자들은 '결과' 중심 교육과정을 '과정' 중심으로 바꾸고, 교내 대회와 동아리 활동, 봉사 활동을 장려함으로써 대학 진학에 놀라운 결과가 어떻게 이루어질 수 있었는지를 보여주고 있다.

우리가 신뢰하는 학교, 어떻게 만들 것인가?

데보라 마이어 지음 / 서용선 옮김 / 값 15,000원

이 책의 저자인 데보라 마이어는 보수와 진보를 막론하고 미국 공교육 개혁 분야에서 가장 신뢰받는 실천가이자 이론가로 평가받는다. 학교 안에서 '신뢰의 붕괴'를 오늘날 공교육이 직면한 가장 큰 도전으로 인식한다. 이 책의 원제 〈In Schools We Trust〉에서 나타나듯, 저자는 신뢰할 수 있는 공교육의 조건이 무엇인지 자신의 경험 속에서 제안하고, 탐색하고, 성찰한다.

교사, 어떻게 살아야 하는가

김성천 외 지음 / 값 15,000원

오랫동안 교육 현장에서 교육과 연구를 병행해온 저자 5인이 쓴 '신규 교사를 위한 이 시대의 교사론'. 이 책은 학교 구성원과의 관계 맺기부터 학교 현장에서 맞닥뜨리게 되는 여러 가지 문제들과 극복 방법, 교육 개혁에 어떻게 주체로 설 수 있는지, 어떤 과정을 통해 개인의 성장을 도모해야 하는지 등 신규 교사의 궁금점에 대해 두루 답하고 있다.

리셋, 교육과정 재구성

서울신은초등학교 교육과정 연구회 모임 지음 / 값 16,000원

서울형 혁신학교인 서울신은초등학교 교사들이 1학년부터 6학년까지 모든 학년의 교육과정을 재구성하고 실천한 경험을 모두 담았다. 이 책에 소개된 혁신학교 4년의 경험은 진정한 학습이란 몸과 마음을 통해 경험함으로써, 생각이나 감정을 다른 사람과 주고받음으로써, 과거 경험을 새로운 지식으로 다시 생각함으로써 실현된다.

다섯 빛깔 교육이야기

이상님 지음 / 값 16,000원

이 책은 충북 혁신학교(행복씨앗학교)인 청주 동화초등학교의 동화 작가 출신 선생님의 한해살이 이야기를 놀이 교육, 생태 환경 교육, 생활 교육, 수업 이야기, 공동체 교육 등 다섯 가지 이야기로 구분하고 모았다.

만들자, 학교협동조합

박주희·주수원 지음 / 값 14,500원

이 책은 학교협동조합이 무엇인지, 어떤 유형의 학교협동조합이 가능한지, 전국적으로 현재 학교협동조합의 추진 상황은 어떠한지, 국내외 사례를 통해 소개하고 안내하는 한편, 학교협동조합을 운영하는 원리와 구체적인 교육방법을 상세하게 풀어놓고 있다.

땀샘 최진수의 초등 수업 백과

최진수 지음 / 값 21,000원

초등학교에서 20여 년간 아이들을 가르쳐온 저자가 초등학교에 대해서 기록하고 연구하고 실천하며 쌓아온 경험을 바탕으로 초등학생들과 수업을 함께하는 방법을 담고 있다. 이들의 학습 동기, 아이들이 수업에 참여하는 방법, 칠판과 공책을 사용하는 방법, 모둠 활동, 교과별 수업, 조사와 발표 등 초등학교 교사가 아이들을 가르칠 때 알아야 할 가장 기본적이면서도 가장 중요한 모든 것을 다루고 있다.

혁신 교육 내비게이터 곽노현입니다

곽노현 편저·해제 / 값 17,000원

서울시 18대 교육감이자 첫 번째 진보 교육감으로서 혁신 교육을 펼쳤던 곽노현은, 우리 사회 전반을 아우르는 주요 교육 현안들을 이 책에서 포괄적으로 다루고 있다. 2014년 3월부터 1년간 방송된 교육 전문 팟캐스트 '나비 프로젝트' 인터뷰에 출연한 전문가들과 나눈 대화와 그에 대한 성찰적 후기를 담고 있다.

무엇이 학교 혁신을 지속가능하게 하는가

권성호·김현철·유병규·정진헌·정훈 지음 / 값 14,500원

독일 '괴팅겐 통합학교', 미국 '센트럴파크이스트 중등학교', 한국 혁신학교의 사례들을 통해 성공적인 학교 혁신의 공통점을 찾아내고 그것을 지속가능하도록 만들기 위해서 필요한 것은 무엇인지를 보여준다. 독자들은 이 책에서 괴팅겐 통합학교의 볼프강 교장이 말한 것처럼 '좋은 학교'를 만들기 위한 학교 혁신에 세계적으로 보편적이라고 할 만한 공통점을 찾을 수 있다.

교과를 꽃 피게 하는 독서 수업

시흥 혁신교육지구 중등 독서교육 연구회 지음 / 값 16,500원

지난 5년 동안 진행된 혁신교육지구 사업의 일환으로 학교에서 고군분투하며 독서교육을 이끌어왔던 독서지도사들이 실천 경험을 엮어낸 것으로 청소년기 학생들에게 장래 진로, 사랑, 우정, 삶의 지혜를 찾는 데 도움을 주는 독서교육을 잘 보여주고 있다.

혁신학교의 거의 모든 것

김성천·서용선·홍섭근 지음 / 값 15,000원

이 책에 서술된 혁신학교에 관한 100문 100답을 통하여 우리 사회에 필요한 교육은 무엇인지, 교사와 학생들이 더 즐겁게 가르치고 배우면서 성장할 수 있는 교육을 위해 필요한 것이 무엇인지, 그것을 위해서 우리 사회 시민 각자가 자신의 위치에서 무엇을 하면 좋은가를 더 깊이 생각해볼 기회를 얻을 것이다.

교실 속 비주얼씽킹

김해동 지음 / 값 14,500원

이 책은 비주얼씽킹 기본기부터 시작하여 교과별 수업, 생활교육, 학급운영 등에 비주얼씽킹을 응용하는 방법을 설명하고 있다. 특히 교사들이 초등학교 1학년부터 고등학교 3학년까지 국어, 수학, 영어, 과학, 사회 등 모든 교과 수업에 비주얼씽킹을 활용할 수 있도록 수업 지도안을 상세하면서도 간결하게 제시하고 있다.

교육과정-수업-평가 어떻게 혁신할 것인가

이형빈 지음 / 값 15,500원

이 책은 교육과정 사회학자 번스타인(Basil Bernstein)이 제시한 '재맥락화(recontextualized)'의 관점에 따라 저자가 일반 학교 한 곳과 혁신학교 두 곳의 수업을 현장에서 면밀하게 관찰하고 심층 인터뷰와 설문조사를 통한 연구를 바탕으로 무기력과 불평등을 재생산하는 교실을 민주적이고 평등한 구조로 바꾸기 위해 교육과정-수업-평가를 어떻게 혁신해야 하는지 제안한다.

혁신학교 효과

한희정 지음 / 값 15,000원

혁신학교 효과를 살펴보기 위해 OECD DeSeCo 프로젝트에 제시된 '핵심 역량'을 가르치고 있는지, 학생·학부모·교사가 서로 배우는 교육공동체를 이루고 있는지, 학생의 발달을 위한 다양한 교육과정을 운영하고 있는지, 교사의 자율성과 전문성을 강화하고 있는지, 자치적이고 민주적인 학교문화를 가지고 있는지, 지역사회와 협력하고 있는지를 다른 일반 학교와 비교하여 설명한다.

교실 속 생태 환경 이야기

김광철 지음 / 값 15,000원

이 책은 도시 지역 학교에서도 쉽게 실천에 옮길 수 있는 다양한 생태·환경교육을 폭넓게 다루고 있다. 이 책에서 저자는 계절에 따라 할 수 있는 20가지 환경교육 프로그램을 제시하고, 방법과 순서, 재료 등을 상세히 설명해준다

이제는 깊이 읽기

양효준 지음 / 값 15,000원

아이들은 교과서에 수록된 작품이나 이야기 전체를 읽지 못한 상태에서 단편적인 지문만 읽고 이해를 해야 하기 때문에 책을 읽으면서 생각하고 공감할 수 있는 기회와 흥미를 찾을 수 없게 된다. 이 책은 이러한 문제를 개선하기 위해서 한 권이라도 책 전체를 꾸준히 읽어가는 방법인 '깊이 읽기'를 대안으로 소개하고 있다.

인성의 기초가 되는 초등 인문학 수업

정철희 지음 / 값 15,500원

이 책은 아이들의 올바른 인성교육을 위한 새로운 방법으로서 인문학 수업을 제시하고 있다. 이 책에서 설명하고 있는 인문학 수업은 교사가 신화, 문학, 영화, 그림, 역사적 인물의 일대기 등에서 이야기를 찾아 아이들에게 제시하고, 아이들이 그 이야기에 나오는 여러 문제와 인물 등에 대해 자신의 감정을 스스로 공책에 기록하고 일상의 경험과 비교하고 토의와 토론을 통해 자신의 생각을 발전시키는 수업이다.

수업, 놀이로 날개를 달다

박현숙, 이응희 지음 / 값 13,500원

이 책은 교육계에서 중요한 과제로 삼고 있는, OECD의 여덟 가지 핵심 역량(DeSeCo)에 따라 여러 놀이들을 분류해서 설명하고 있다. "놀이에 내재된 긴장의 요소는 사람의 심성, 용기, 지구력, 총명함, 공정함 등을 시험하는 수단이 되므로" 그것은 학생들의 역량을 키우는 수단이 된다.

더불어 읽기

한현미 지음 / 값 13,500원

이 책은 교사들이 학습공동체를 통해 교직의 전문성과 자율성을 새롭게 발견하며 성장하는 이야기를 다룬다. 우리 사회의 기존 교육 제도는 효율성이라는 명분으로 아이들에게 경쟁을 강요하면서 교사들 역시 서로 경쟁하도록 만드는 시스템으로 이루어져 있다. 이 책에서 저자는 이러한 비인격적인 제도와 환경 아래서 교사들이 행복을 되찾기 위해서는 서로 협력하며 같이 배우면서 아이들과 함께 성장할 수 있어야 한다고 말한다.

땀샘 최진수의 초등 글쓰기

최진수 지음 / 값 17,000원

글쓰기가 아이들에게 필요한 중요한 것이 되려면 먼저 솔직하게 써야 한다. 모르는 것은 '모른다', 좋은 것은 '좋다'고 솔직하게 드러낼 때 글쓰기는 아이가 성장하는 디딤돌이 될 수 있다. 그리고 이것은 가르치는 교사에게도 적용된다. 지도하는 사람과 지도받는 사람이 따로 있는 것이 아니라 함께 쓰고 함께 나누면서 서로 성장을 돕는 것이다.

성장과 발달을 돕는 초등 평가 혁신

김해경·손유미·신은희·오정희,
이선애·최혜영·한희정·홍순희 지음 / 값 15,500원

혁신학교에서 지난 5~6년 동안 초등학생의 성장과 발달을 돕는 평가를 실천해온, 현장 교사 8명의 지혜와 경험을 모아놓은 최초의 결실을 담고 있다. 독자들은 이 책을 통해 평가는 시험이 아니며 교육과정과 수업의 연장으로서 아이들의 잠재력을 측정하고 적절한 조언을 제공한다는 원래의 목표를 되살리는 첫걸음을 찾을 수 있을 것이다.

수업 코칭

이규철 지음 / 값 15,500원

가르치는 일을 함으로써 학생들의 배움을 돕는 교사들에게 수업은 시간적으로도 공간적으로도 학교에서 자신이 하는 일의 중심을 이룬다. 그래서 수업에 관한 고민은 교과를 가리지 않고 교사들에게 일반적으로 드러난다. 최근에 그 공통의 문제를 교사들이 함께 풀어나가자는 흐름이 곳곳에서 일어나고 있다. 이 책은 그중에서도 '수업 코칭'이라는 하나의 흐름을 다룬다.

교사들이 함께 성장하는 수업

서동석·남경운·박미경·서은지,
이경은·전경아·조윤성 지음 / 값 15,000원

아이들의 배움에 중점을 둔 수업을 위해 구성한 교사 학습공동체로서, 서로 다른 여러 교과 교사들이 수업을 디자인하고 연구하는 '수업 모임'에 관해 다룬다. 수업 모임 교사들은 공동으로 교과 수업을 디자인하고, 참관하고, 발견한 내용을 공유하고 평가하는 피드백을 통해 수업을 개선해간다.

땀샘 최진수의 초등 학급 운영

최진수 지음 / 값 19,000원

이 책의 저자는 학급운영의 출발은 아이들을 '가르치는 대상'에서 '존중받는 존재'로 바라보는 것에서 시작해야 한다고 이야기한다. 또한 아이들과 함께하면서 교사는 성장한다. 이러한 성장은 시간이 흐르고 경력이 쌓인다고 이뤄지는 것이 아니라 여러 가지 어려운 문제를 헤쳐나가며 교사 스스로 자신을 되돌아보고 성찰할 때 비로소 아이들과 함께하는 올바른 학급운영이 이루어진다고 말한다.

당신의 교육과정-수업-평가를 응원합니다

천정은 지음 / 값 14,500원

이 책은 빛고을혁신학교인 신가중학교에서 펼쳐진, 학교교육 혁신 과정과 여전히 완성되지 않은 그 결과를 다루고 있다. 드라마 〈대장금〉에 나오는 '신비'의 메모가 보여준 것과 같이 교육 문제를 여전히 아리송한 것처럼 적고 묻고 적기를 반복하며 다가가는 것이다. 저자인 천정은 선생님은 이 책을 통해 자신의 수업이 앞으로도 교육의 본질에 더 가깝게 계속 혁신되기를 바라고 있다.

에코 산책 생태 교육

안만홍 지음 / 값 16,500원

오늘날 에너지와 자원을 대량으로 소비하는 생활양식은 자연을 파괴하고 수많은 환경 문제를 야기하고 있다. 이 책은 그러한 생태 교육을 위해 필요한 내용을 다루고 있다. 아이들이 지구 환경을 다시 복원하기 위해서 갖춰야 할 것은 관찰하고 기록하고 어떤 과학적 추론을 이끌어내는 능력이 아니라, 오감을 통해 스스로 자연을 느끼고, 자연의 소중함을 배우는 것이다.

I Love 학교협동조합

박선하 외 지음 / 값 13,000원

학교에 협동조합을 만드는 일에 참여했던 학생들의 협동조합 활동과 더불어 자신과 친구들이 어떻게 성장했는지를 이야기한다. 글쓴이 중에는 중학교 1학년 때부터 사회복지사라는 장래 희망을 가지고 학교협동조합에 참여한 학생도 있고, 고등학교 3학년 때 참여하기 시작한 학생도 있다.

내면 아이
이준원 · 김은정 지음 / 값 15,500원

그동안의 상담 사례를 모아 부모 · 교사의 마음속에 숨어 있는 완벽주의, 억압, 방치, 거절, 징벌, 충동성, 과잉보호 등의 '내면 아이'가 자녀/학생과의 관계에서 어떠한 영향력을 행사하는지, 어떻게 갈등을 일으키는지 볼 수 있게 한다. 그 뿌리를 찾아 근원부터 치유하는 방법들은 필자의 경험을 바탕으로 종합한 것이다.

얘들아, 하브루타로 수업하자!
이성일 지음 / 값 13,500원

최근에는 공부 방식이 외우는 것에서 생각하는 것으로, 수업 방식은 교사 위주의 강의 수업에서 학생 위주의 참여 수업으로 많은 변화가 이루어지고 있다. 이는 4차 산업혁명 시대를 살아가야 할 학생들을 위해서는 당연한 것이다. 학교 교실에서 실제로 질문하고, 토론하는 하브루타 참여 수업의 성과를 담은 이 책은 하브루타 수업을 통하여 점점 성장해가는 아이들의 모습을 보여준다.

핵심 역량을 키우는 수업 놀이
나승빈 지음 / 값 21,000원

《핵심 역량을 키우는 수업 놀이》는 나승빈 선생님만의 스타일이 융합된 놀이책이다. 이 책은 교실에 갇혀 넘치는 에너지를 발산하지 못하는 아이들과, 단순한 재미를 뛰어넘어 배움이 있는 수업을 고민하는 선생님을 위한 것이다. 본문에서는 수업 속에서 실천이 가능한 다양한 놀이를 제시하고 있다.

교실 속 비주얼 씽킹(실전편)
김해동 · 김화정 · 김영진 · 최시강,
노해은 · 임진묵 · 공세환 지음 / 값 17,500원

전편이 교과별 수업, 생활교육, 학급운영 등에 비주얼씽킹을 응용하는 방법을 이론적으로 설명했다면,
《교실 속 비주얼씽킹(실전편)》은 실제 초 · 중 · 고등학교 학생을 대상으로 수업을 진행한 교사들의 활동지를 담았다.

수업 고민, 비우고 담다

김명숙 · 송주희 · 이소영 지음 / 값 15,500원

수업 하기의 열정을 잃지 않고 수업 보기를 드라마 보는 것만큼 재미있어 하는 3명의 교사가 수업 연구에 대한 이론적 체계가 아닌, 현장에서의 진솔한 실천 과정을 순도 높게 녹여낸 책이다. 이 속에는 수업에서 실패를 두려워하지 않는, 발랄한 아이들과 함께한 자신의 교실을 용기 있게 들여다보며 묵묵히 실천적 연구자로 살아가는 선생님들의 고민과 성장이 담겨 있다.

뮤지컬 씨, 학교는 처음이시죠?

박찬수 · 김준성 지음 / 값 12,000원

각고의 노력으로 학교 뮤지컬을 개척한 경험과 노하우를 소개한 책. 뮤지컬은 학생들의 삶을 보다 풍요롭게 만듦으로써 학교교육 위기의 대안으로 크게 주목받고 있다. 현장에서 바로 적용하고 고민할 수 있는 현재진행형의 살아 있는 지식이 담겨 있다.

어서 와, 학부모회는 처음이지?

조용미 지음 / 값 15,000원

두 아이의 엄마인 저자가 다년간 학부모회 활동을 하면서 알게 된 노하우와 그간의 이야기들을 담은 책. 학부모회 활동을 처음 시작하는 이들이나, 이미 학부모회에서 활동 중이지만 학교라는 높은 벽에 부딪혀 방향성을 고민 중인 이들에게 권한다.

학교협동조합 A to Z

주수원·박주희 지음 / 값 11,500원

이 책은 '학교협동조합'의 설립과 운영에 관련해 학생, 학부모, 교사들이 궁금해할 만한 이야기들을 질문과 답변 형식으로 풀어냈다. 강의와 상담을 통해 자주 접하는 질문들로 구성했으며, 학교협동조합과 관련된 개념들을 좀 더 쉽고 빠르게 이해하는 데 중점을 두었다.

독자 여러분의 소중한 원고를 기다립니다

맘에드림 출판사는 독자 여러분의 소중한 원고를 기다리고
있습니다. 원고가 있으신 분은 nurio1@naver.com으로
원고의 간단한 소개와 연락처를 보내주시면 빠른 시간에
검토하여 연락을 드리겠습니다.